Christiana M. Wetzel

HAMBURG
mit dem **Rad**
entdecken

AF198082

BRUCKMANN

INHALT

MOIN MOIN HAMBURG!

Fast alle Wege führen in Hamburg ans Wasser oder ins Grüne. In der maritimen Metropole an der Elbe gibt es elegante Villen und berauschend viele Bäume. Hamburg hat große Schiffe und viel Strand, beliebte Musicals und kluge Medien – und baut mit der HafenCity einen schillernden Superlativ an der Waterkant. Willkommen im grünen Tor zur Welt!

Aus der Luft gesehen fällt im Sommer schier endloses Grün auf, unter dem die Häuser der Stadt wie eine Randerscheinung wirken. Parks, Wälder und Bäume an nahezu jeder Straße prägen das Hamburger Stadtbild. Das hält die Luft frisch und ist auch zum Radfahren ideal. Rund neun Prozent der Hamburger Landesfläche stehen unter Naturschutz – so viel wie in keinem anderen Bundesland. Frisches Wasser ist in der Hafenstadt ganz natürlich präsent: Die Wasserstraßen von Elbe, Alster und deren vieler Nebenflüsse durchziehen Hamburg wie ein feines Netz und zählen für Welthandel und Freizeitsportler zu wichtigen Verkehrswegen. Die Alster im Zentrum vermittelt innere und äußere Weite. Hamburg hat unbestritten eine hohe Lebensqualität. Und: Hamburg ist belesen. Mehr als die Hälfte aller Zeitungen und Zeitschriften Deutschlands werden in der Medienstadt verlegt. Nicht zuletzt bietet die Hansestadt das vielfältige kulturelle Angebot einer Großstadt auf dichtem Raum mit kurzen Entfernungen. Ob Theater, Museen oder Musicals: Veranstaltungsorte mit Weltstadtniveau liegen nie allzu weit voneinander entfernt. Zwar hat das Coronavirus die Angebote in Kunst und Kultur stark verändert – die Not hat jedoch auch kreative Konzepte hervorgebracht. Aufgrund von Covid-19 werden viele Veranstaltungen nun auch digital angeboten; Besichtigungen und Führungen gibt es vermehrt auch virtuell. Diese Alternativen habe ich, wo möglich, für Sie herausgesucht.
Entfernungen innerhalb Hamburgs sind wortwörtlich bequem zu überbrücken – gerade auch per Fahrrad. Zu den Musical-Theatern auf der anderen Elbseite verkehren Fähren, auf denen die Fahrradmitnahme erlaubt ist. Parkplätze sind auf Hamburgs begrenztem Raum stets rar – das macht das Rad zum idealen Fortbewegungsmittel in der grünen Elbmetropole. Und auch das nahe Umland ist damit schnell zu erreichen.

Hamburg gibt sich weltoffen und als geschäftsorientierte Metropole äußerst umtriebig – Veränderungen gibt es viele. Irgendwo wird immer gebaut, an manchen Stellen mehr als woanders: So entsteht noch bis 2025 auf Europas größter innerstädtischer Baustelle an der Elbe die HafenCity als ganz neuer Stadtteil. Auch kulinarisch gibt es viel zu entdecken. Neben Sternerestaurants, zauberhaften Cafés und kulinarischen Angeboten aus aller Welt gibt es auch spannende Kleinigkeiten: Wissen Sie zum Beispiel, was ein Franzbrötchen ist? Die Zimtschnecke in Brötchenform gibt es unter diesem Namen nur in Hamburg und eignet sich auch als Snack-Proviant für Fahrradtouren.

Der Hamburger Senat investiert seit der 2008 beschlossenen »Radverkehrsstrategie« viel Geld in neue Radwege und Fahrradspuren. Mehr als 280 Kilometer Velorouten führen laut dem allgemeinen Deutschen Fahrrad-Club (ADFC) und der Hamburger Behörde für Wirtschaft und Umwelt durch die Stadt. Die insgesamt 14 ausgeschilderten Velorouten weisen Radfahrern angenehme Strecken durch die Stadt. Viele Einbahnstraßen sind für den Gegenverkehr mit dem Rad geöffnet. Doch trotz verbesserter Bedingungen sollten Radfahrer im dichten Stadtverkehr achtsam und am besten mit Helm unterwegs sein, denn eng wird es manchmal trotzdem. Bei der alljährlichen Sternfahrt des ADFC demonstrieren an jedem dritten Sonntag im Juni Radfahrer für eine rad- und damit umweltfreundlichere Verkehrspolitik. 2021 waren durch Pandemie-Beschränkungen »nur« 2500 Teilnehmer dabei, in den Vorjahren war die Zahl der Demoradler auf Hamburgs an diesem Tag autofreien Hauptstraßen üblicherweise mehr als zehnmal so hoch. Wer also schon immer auf zwei Rädern in guter Gesellschaft durch Hamburgs Innenstadt fahren wollte, der kann diese Gelegenheit nutzen (www.hamburg.adfc.de).

Zum Glück ist zumindest Radfahren allein oder zu zweit auch in Zeiten von Corona ein Garant für frische Luft und unterstützt die Gesundheit. Auf den folgenden Seiten lernen wir Hamburg von seinen besten Seiten kennen. Wir erleben die Elbe mit ihren Sandstränden, posieren entspannt an der Alster und lassen uns dabei stets umwehen von Hamburg noblem nordischen Flair.

Ich wünsche Ihnen viel Freude beim Radfahren und stets eine frische Brise!
Ihre Christiana Wetzel

HAMBURG ZENTRAL

Die Alster ist Hamburgs gelassene Mitte. Im Sommer ist der zum See gestaute Elb-Nebenfluss ein beliebtes Segelrevier, in besonders kalten Wintern wird er zu Hamburgs größter Schlittschuhbahn. Zu jeder Jahreszeit sind Außen- und Binnenalster idyllische Ruhepunkte in zentraler Lage. Rundherum reihen sich Parks und Stadtviertel, die kaum unterschiedlicher sein könnten.

Wasser ist in Hamburg allgegenwärtig, das merkt man schnell beim Radfahren durch die Hafenstadt. Ob Segelschiffe auf der Alster, Boote auf den vielen Kanälen oder Containerschiffe im drittgrößten Hafen Europas: Die Schifffahrt prägt die Hansestadt im Großen wie im Kleinen. Auf unserer Tour rund um die Alster überqueren wir einige der 2500 Brücken Hamburgs und haben Gelegenheit, uns direkt am Wasser auf das maritime Flair der Stadt einzulassen.

Die gestaute Alster besteht aus zwei Teilen: In der zentralen Innenstadt gibt es die kleine Binnenalster und nördlich davon die durch Kennedy- und Lombardsbrücke abgegrenzte Außenalster. Unsere Tour führt direkt am Ufer von Binnen- und Außenalster entlang. Rund um die Alster – das heißt auch, einen Querschnitt durch unterschiedliche Stadtviertel zu erleben: Uhlenhorst, Winterhude, Harvestehude mit Pöseldorf und dem Grindelviertel bilden neben der Innenstadt den Kern der alsternahen Viertel. Alsternahe Lage ist in Hamburg ein Zeichen von Luxus, und so wurden auch einst weniger wohlhabende Quartiere wie St. Georg in den letzten Jahren stark gentrifiziert. Teuer heißt jedoch nicht uniform, und der Charakter eines jeden Viertels ist trotz Veränderungen spürbar geblieben.

Neu und besonders praktisch: An der Alster und weiteren innenstadtnahen Punkten gibt es Fahrrad-Servicestationen, die die Zahl vorbeifahrender Radler aufzeichnen und einen kostenlosen Luft-Service anbieten.

Tour 1: Rund um die Alster
Museen, Kirchen und schöne Uferwege

Ausgangspunkt: U-Bahnhof Rathaus
Endpunkt: U-Bahnhof Gänsemarkt
Weglänge: 10,6 km

Tour 3: Vom Schanzenviertel nach St. Pauli
Bunt, schräg und unkonventionell

Ausgangspunkt: S-Bahnhof Sternschanze
Endpunkt: U-Bahnhof St. Pauli-Landungsbrücken
Weglänge: 6,6 km

Café
Bobby
Reich

Poké-Restaurant
Monkey Beach
5

Hotel du Nord

Imam-Ali-Moschee
(Blaue Moschee)
Zimmerstr.

HARVESTEHUDE

Hansastr.
Bücherstube Stolterfoht
Hallerstr.

Museum am
Rothenbaum
Kulturen und Künste
der Welt (MARKK)
Anna
Sgroi

Teehaus Yu Garden

ROTHERBAUM

Hauptgebäude
Universität
Hamburg

Außenalster

Literaturhaus
& Café

Mundsburg

Mundsburger Damm

Kühmühlen-
teich

Armgartstr. Eilenau

Uhlandstraße

HOHENFELDE

Eilenau

5

75

Lübecker Straße

Kennedy-
brücke
Lombards-
brücke

Esplanade

Burger-Restaurant
Bürgerlich

Alster-
Touristik
Jungfernstieg
Jungfernstieg

Galerie der
Gegenwart
& The Cube

Hamburger
Kunsthalle

An der Alster

Koppel 66
& Café Koppel

Danziger Str.

Steindamm

Lohmühlenstr.

Wallstr.

Bürgerweide

Borgfelder Str.

Hauptbahnhof
Hauptbahnhof

U-Mönckebergstr.

Rathaus
Bucerius
Kunst
Forum
Rathaus
Café Paris

Löwe

Hauptkirche
St. Petri
Bike Café

Domplatz Steinstraße

Meßberg

Museum
Chocoversum

festr. 5

ALTSTADT

4

Mahnmal
St. Nikolai

Bei den Mühren

Café/Bar
Fleet-
schlösschen

Dialog im Dunkeln &
Dialog im Stillen

Café
Wasserschloss
Lohse-

Internationales
Maritimes
Museum
Hamburg

Info-Pavillon
Hannoverscher
Bahnhof

75

4

Speicher-
stadt-
museum

Café Hafenkran Hamburg?

park

Café
und
serlin

Marco-Polo-
Terrassen

Übersee-
quartier

Café HafenCity

Hafen City
Universität

Baakenhofen

Norderelbe

**Tour 2: Von der Messe
zur HafenCity**
Hamburgs Gestern und
Morgen erkunden

Ausgangspunkt: S-Bahnhof
Sternschanze
Endpunkt: U-Bahnhof
HafenCity Universität
Weglänge: 10,8 km

Rund um die Alster

Kunst, Kommerz und Kultur in hoher Dichte: Hamburgs eindrucksvollste Museen, Handelshäuser und Kirchen sowie einige der schönsten Uferwege der Stadt bilden auf dieser Tour ein harmonisches Ensemble. Und zwischendurch können wir immer wieder entspannt den Blick über das weite Blau der Alster schweifen lassen.

Rathaus

Hamburgs parlamentarische Demokratie ist in einem Renaissancebau mit 112 Meter hoher Turmspitze und grün oxidiertem Dach beheimatet. Alle vorher gebauten Rathäuser Hamburgs wurden – meist durch Feuer – zerstört, das heutige gehört jedoch seit 1897 nahezu unverändert zu den optischen Wahrzeichen der Stadt. Seine Fassade ist bestückt mit Büsten deutscher Kaiser, Figuren kirchlicher Schutzheiliger und weiterer Geschöpfen, die hanseatischen Wohlstand und Status repräsentieren. Innen kann man sich in 647 Räumen verlaufen. Führungen durchs Rathaus gibt es regelmäßig. An der Rückseite des Rathauses siedelten die Hamburger als geschäftstüchtige Händler ihr Wirtschaftsforum an, die Hamburger Börse. Sie wurde 1558 gegründet und beherbergt unter ihrem Dach auch die Handelskammer.

rathaus-3d.hamburg.de

Virtueller Rathaus-Rundgang
Regelmäßig werden vor Ort Rathausführungen angeboten. Doch auch auf Distanz lässt sich das Rathaus in 3D von innen besichtigen: rathaus-3d.hamburg.de

Meditation im Museum
Das Bucerius Kunst Forum vermittelt Kunst innovativ und lebendig, z. B. mit Achtsamkeitsführungen, Kurator:innenführung oder Popup-Yoga: www.buceriuskunstforum.de

Bucerius Kunst Forum

Zwischen Rathaus und Alsterfleet residiert seit 2002 das Bucerius Kunst Forum. Das von der ZEIT-Stiftung finanzierte Museum zeigt jährlich vier

Oben: Im Sommer lässt sich die Alster per Schiff, Boot oder paddelnd erkunden.

Unten: Einsame Spitze: das Hamburger Rathaus

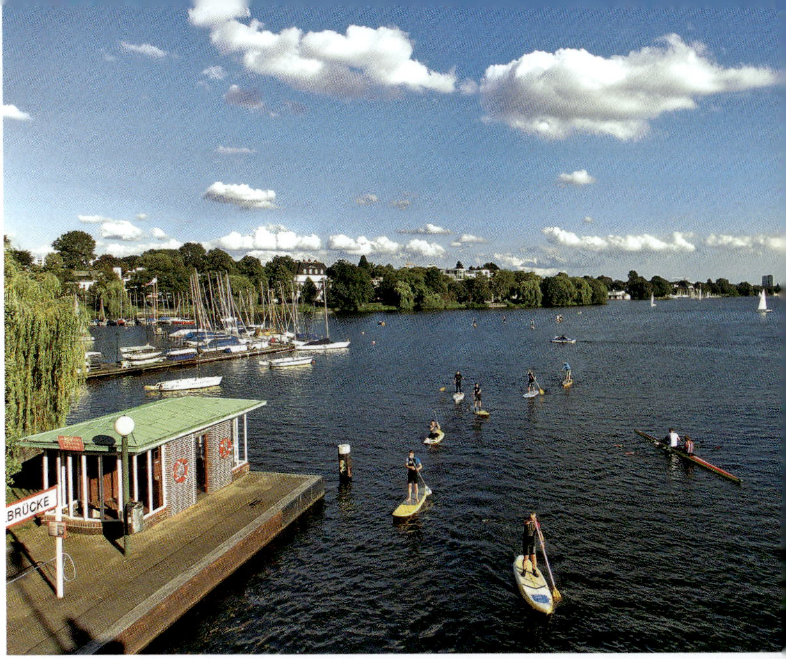
BRÜCKE

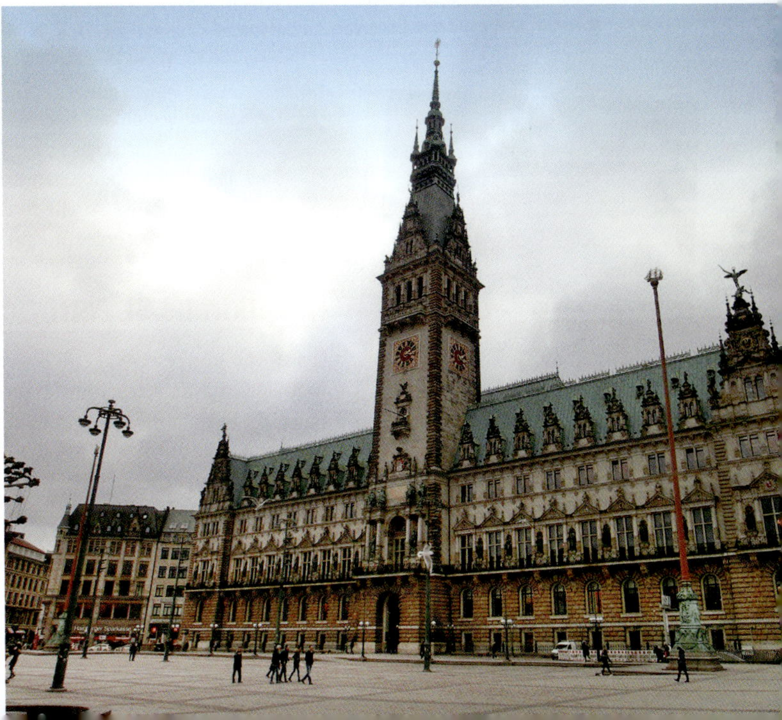

anspruchsvolle Themenausstellungen. Dank stetig gestiegener Besucherzahlen bezog das beliebte Museum 2019 neue Räume am Alten Wall mit direktem Blick auf den Rathaus-Innenhof: Hinter historischer Fassade gibt es nun auf vier Stockwerken z. B. ein gläsernes Atelier und eine eigene Veranstaltungs-Etage für Poetry Slams, Konzerte und Lesungen. Auch exklusive Führungen sowie Kunstkurse für Jung und Alt finden im Haus statt. Der Museumsshop liegt auf der Rückseite des Hauses direkt am Alsterfleet. Das Bucerius Kunst Forum gehört zu insgesamt fünf Museen, die als »Kunstmeile« eine gemeinsame Eintrittskarte für alle Häuser anbieten. Direkt vor dem Bucerius Kunst Forum lohnt sich ein Blick in

den Himmel durch den »Gesellschaftsspiegel«, zwei Kaleidoskop-Skulpturen des dänischen Künstlers Olafur Eliasson. **www.buceriuskunstforum.de • Tel. 040/36 09 96-0 • tgl. 11–19 Uhr, Do bis 21 Uhr • www.kunstmeilehamburg.de**

 Café Paris Geschäftiges Bistro und Café mit Original-Kacheln einer Metzgerei von 1882; perfekt fürs Frühstück mit Pariser Flair. Rathausstr. 4, Tel. 040/32 52 77 77, www.cafeparis.net; Mo–Sa 9–24, So und Fei 9.30–17 Uhr

 Le Lion Bar de Paris Chic, dezent und eine der besten Bars des Planeten. Der »Gin Basil Smash« ist legendär. Rathausstr. 3, Tel. 040/ 334 75 37 80, Mi–Sa 16–23 Uhr

 Die Radtour beginnt am U-Bahnhof »Rathaus«. Nach einem Bogen über den Rathausmarkt fahren wir durch die Rathausstraße zum Eingang der Hauptkirche St. Petri.

Hauptkirche St. Petri

Lange vor dem Bau St. Petris entwickelte sich von diesem Punkt der Hamburger Stadtgeografie die spätere Hansestadt. Reste der Hammaburg, auf die sich die Entstehungsgeschichte Hamburgs seit 817 gründet, liegen nur wenige Meter südlich von St. Petri auf dem Domplatz. Die gotische Kirche

Neue Perspektiven vor dem Bucerius Kunst Forum

St. Petri ist die älteste erhaltene Pfarrkirche Hamburgs, erstmals erwähnt im 12. Jahrhundert. Seitdem wurde der Bau viele Male umgestaltet und ergänzt, der Platz der Kirche blieb jedoch derselbe. Der große Brand von 1842 zerstörte einen Großteil der Kirche. Die Hamburger beeilten sich jedoch mit dem Wiederaufbau, der 1849 fertig war. Im Zweiten Weltkrieg nur wenig beschädigt, nimmt St. Petri seitdem ihren Platz als Hauptkirche wieder ein. Das älteste erhaltene Stück der Kirche ist ein Türgriff von 1342 in Form eines Löwenkopfs am linken Türflügel des Westportals. Im Turm St. Petris führen insgesamt 544 Treppenstufen zum höchsten Rundblick über Hamburg in 123 Meter Höhe.

Bei der Petrikirche 2 •
www.sankt-petri.de

 Von St. Petri fahren wir rechts bergab zur Hamburger Flaniermeile, dem Jungfernstieg. Am westlichen Ufer der Binnenalster, vorbei am Hotel Vier Jahreszeiten, radeln wir über die Lombardsbrücke zur großen Kreuzung. Quer gegenüber sehen wir die Galerie der Gegenwart.

Hamburger Kunsthalle und Galerie der Gegenwart

Klassik und Moderne vereinen die drei Gebäude der Hamburger Kunsthalle schon von außen Seite an Seite in reizvollem Kontrast. Mit knapp 400 000 Besuchern pro Jahr gehört die Kunsthalle zu den beliebtesten Museen Hamburgs. Sie kann auch virtuell besichtigt werden. In der Alten Kunsthalle sind neben der Dauerausstellung alter Meister wechselnde Ausstellungen und Sammlungen zu sehen. Die Galerie der Gegenwart, jüngster Teil der Kunsthalle Hamburg, thront erhöht auf einer Art Museumsinsel zwischen Bahngleisen, Hauptstraßen und der Alster. In dem 1997 fertiggestellten Kubus sind sowohl Pop Art und Kunst seit den 1960er-Jahren als auch zeitgenössische Ausstellungen zu Hause. Der weite Platz zwischen der Galerie der Gegenwart und dem 1919 gebauten Erweiterungsbau der Alten Kunsthalle von 1869 dient bei gutem Wetter Skatern als Bühne. Die Kunsthalle gehört zu insgesamt fünf Museen, die im Rahmen der »Kunstmeile« mit einer gemeinsamen Eintrittskarte besucht werden können.

Glockengießerwall • Tel. 040/ 428 13 12 00 • www.hamburger-kunsthalle.de, www.hamburger-kunsthalle.de/360-deg-rundgang • Di–So 10–18, Do bis 21 Uhr

The Cube Kunstvolle Gerichte, leckere Kuchen und Kaffeevariationen mit Blick auf die Binnenalster. Ferdinandstor 1, Tel. 040/30 37 51 96, www.the-cube-restaurant.de; Di, Mi und Fr–So 11.30–18, Do 11.30–21.30 Uhr

 Auf der Ernst-Merck-Brücke radeln wir über die Gleise des Hauptbahnhofs und kommen zur Langen Reihe, dem Herz des Stadtteils St. Georg. Parallel zur Langen Reihe beginnt links am St.-Georgs-Kirchhof die kleine Straße Koppel. Hier erhalten wir einen Eindruck von den pittoresken Gassen St. Georgs, wenn wir der Fußgängerpassage zur Langen Reihe folgen.

»Koppel 66« – Haus für Kunst und Handwerk

Im Hinterhof zwischen der Langen Reihe und der Koppel steht eine ehemalige Maschinenfabrik im Art-Deco-Stil von 1924. Als Fabrik diente das Haus nur vier Jahre lang und für kurze Zeit während des Zweiten Weltkrieges. Danach stand es leer oder diente als Warenlager. Seit Anfang der 1980er-Jahre arbeiten dort 20 KünstlerInnen in zwölf Künstlerateliers und Werkstätten. Kunst, Handwerk und Design existieren unter diesem Dach neben-

einander. Ebenfalls in der »Koppel 66« befindet sich die 1966 gegründete »Gemeinschaft Deutscher und Oesterreichischer Künstlerinnen« (GEDOK) mit ihrer Galerie. Bei Verkaufsausstellungen im Frühjahr und vor Weihnachten gibt es hochwertige Designerstücke von Mütze bis Maßanzug und von Schmuck bis Stempel zu kaufen.

Lange Reihe 75 / Koppel 66 • www.koppel66.de

 Café Koppel Leckere vegetarische und vegane Speisen mit Zutaten meist aus Bio-Anbau. Frühstück bis 22 Uhr, im Sommer auch auf der Terrasse. Lange Reihe 75 / Koppel 66, Tel. 040/24 92 35, www.cafekoppel.de; Mo, Mi–Fr 12–18, Sa, So 10–18 Uhr

 Wir fahren die Lange Reihe entlang bis zur Schmilinskystraße, biegen links ab und überqueren die Hauptstraße An der Alster. Direkt am Alsterufer geht es rechter Hand weiter zum Schwanenwik. Radfahren ist hier in beiden Richtungen erlaubt und an sonnigen Wochenenden herrscht reger Verkehr.

Das Literaturhaus

Siegfried Lenz las hier, Juli Zeh auch. Seit 1989 residiert das denkmalgeschützte Literaturhaus in der weißen Villa an der Alster. Ob Roman, Krimi oder Graphic Novel: Hier finden viele Genres eine Bühne – einzige Bedingung ist Qualität. Das Literaturhaus vergibt den Mara Cassens-Preis, benannt nach der Mäzenin des Hauses. Einmal im Monat diskutieren junge AutorInnen bei der Literaturhaussoirée über Neuerscheinungen und das Junge Literaturhaus kooperiert mit dem Haus 73 am Schulterblatt.

Literaturhaus • Schwanenwik 38 • Tel. 040/22 70 20 11 • www.literatur haus-hamburg.de • Mo–Do 9.30–17.30, Fr 9.30–15 Uhr

 Literaturhauscafé Unter den hohen Decken des Cafés lässt sich trefflich sinnieren. Stilvolle Kronleuchter, Stuck und eine geradlinige Speisekarte ergänzen sich bestens. Schwanenwik 38, Tel. 040/220 13 00, www.literaturhaus-hamburg.de; Mi–So 9.30–18 Uhr

 Japanisches Kirschblütenfest Jedes Jahr im Mai wird das Japanische Kirschblütenfest gefeiert. Das große Feuerwerk auf der Außenalster kann man am besten mitten auf der Alster von einem gemieteten Boot aus genießen. www.hamburg.de/kirschblueten fest-hamburg.

 Wir folgen dem östlichen Alsterufer an der Schönen Aussicht entlang und fahren zur Fährhausstraße. Kurz bevor die Straße einen Bogen nach rechts macht, erreichen wir die Imam-Ali-Moschee.

Blaue Moschee

Eigentlich benannt nach Imam Ali, wird sie oft auch »Blaue Moschee« genannt, denn die vorherrschende Farbe des Kuppelbaus ist strahlendes Türkisblau. Die viertälteste Moschee Deutschlands wurde 1965 eingeweiht und steht unter Denkmalschutz. Ihr Innenraum mit Kuppel und blauen, v-förmigen Streben beherbergt einen handgeknüpften blauen Teppich von 16 Meter Durchmesser und einer Tonne Gewicht. Im Gebetsraum befindet sich ein detailreiches Kachelmosaik. Einmal im Jahr, am »Tag der offenen Moschee« am 3. Oktober, gibt es Vorträge, Infostände und leckere persische Spezialitäten.

Schöne Aussicht 36 • Führungen unter Tel. 040/22 12–20/-40 • info@izhamburg.com • Bürozeiten Mo–Sa 9.30–17.30 Uhr

Monkey Beach Hawaiianisches Restaurant direkt am Schiffsanleger. Hofweg 103, Tel. 040/36 03 57 80, www.kailuapoke.de

 Hotel du Nord Kleines Konzepthotel mit Sinn für edles Design nahe der Alster. Hofweg 75, Tel. 040/227 11 40, www.hoteldu nord-alster.de

 Bobby Reich Sehen und gesehen werden beim Kaffee an der Alster, mit fotogenem Segelboot-Hafen und Bootsverleih. Fernsicht 2, Tel. 040/48 78 24, www.bobbyreich.de

 Wir folgen dem Verlauf der Fährhausstraße und biegen dann links in den Hofweg Richtung Mühlenkampbrücke. Rund um die Brücke und am Wasser laden Cafés zur Einkehr. Weiter geht's zur Fernsicht und über die Krugkoppelbrücke, die einen der schönsten Ausblicke über die Außenalster bietet. Wir biegen links in die Fahrradstraße Harvestehuder Weg, nehmen die Abzweigung in die Milchstraße und sind im Herzen von Pöseldorf.

Pöseldorf

Der Jazz-Club »Onkel Pö's Carnegie Hall«, 1970 in Pöseldorf eröffnet und schon von Udo Lindenberg besungen, ist heute Geschichte. Das Villen- und frühere Ausgehviertel Pöseldorf existiert nach wie vor. Heute ist es dort ruhiger als in den 1970er-Jahren. Pöseldorf ist bekannt für seine hohe Gastronomie-Dichte mit feiner Küche, für Kunstgalerien, Antiquitätengeschäfte und hochpreisige Boutiquen. Modedesigner wie Jil Sander und Wolfgang Joop begannen hier ihre Karrieren. Die engen Gassen und stillen Schleichwege des Luxus-Quartiers lassen sich am besten erkunden, wenn man das Fahrrad ein Stück schiebt. Pöseldorf belohnt dafür mit liebevollen Details.

www.poeseldorf.de

 Anna Sgroi Italienische Küche à la carte. Milchstr. 7, Tel. 040/ 28 00 39 30, www.annasgroi.de; Di–Fr 12–14.30 u. 19–22.30 Uhr, Sa 19–22.30 Uhr

 Wir überqueren den Mittelweg zur Straße Bei St. Johannis und fahren schräg links in die Mollerstraße, die in die Feldbrunnenstraße übergeht. Beim Teehaus »Yu Garden« biegen wir rechts in die Binderstraße und kommen zum Museum für Völkerkunde.

Oben: Die »Blaue Moschee« an der Alster ist die viertälteste Moschee Deutschlands

Unten: Mediterran trifft nordisch im schicken Pöseldorf

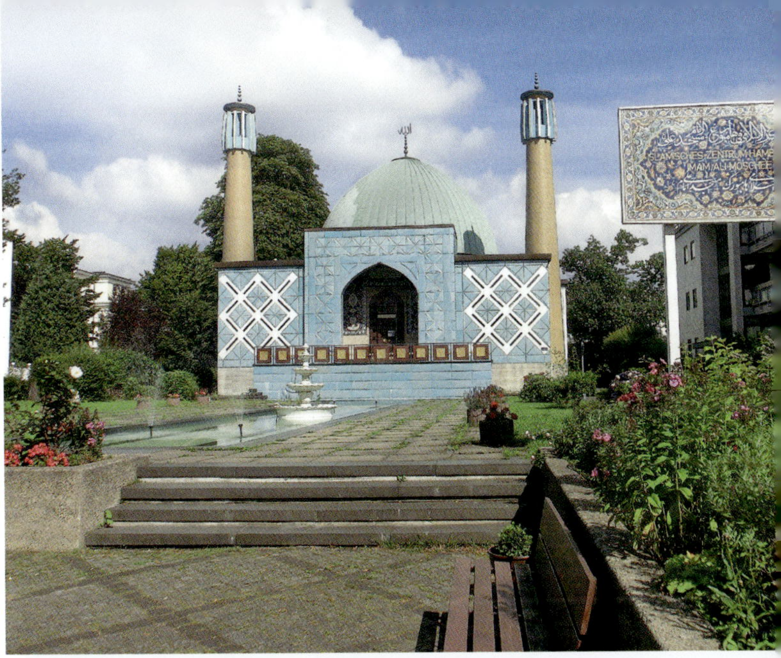
ZENTRUM
ALI-MOSCHEE

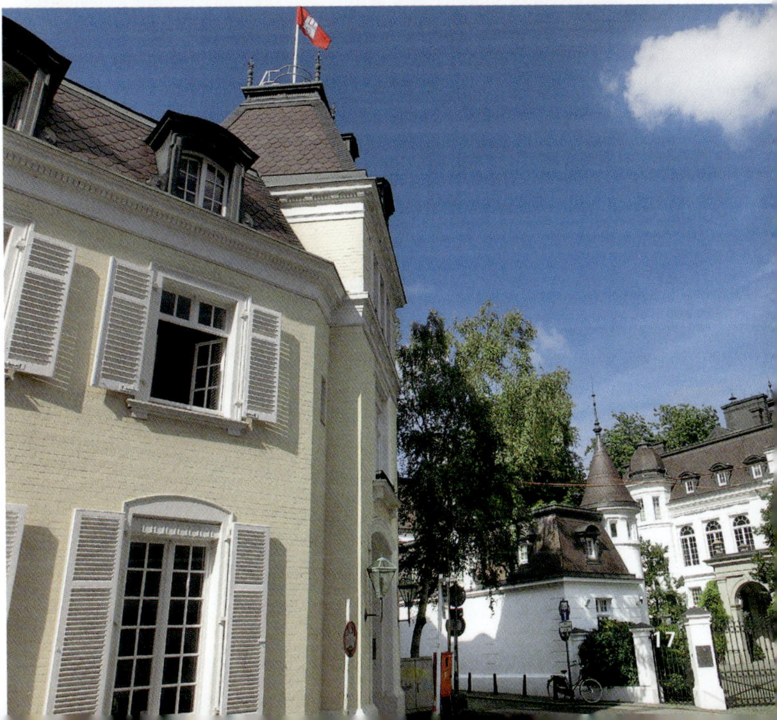

MARKK: Museum am Rothenbaum – Kulturen und Künste der Welt

Nach einer gründlichen Neuausrichtung präsentiert sich das Haus seit 2018 mit erfrischend postkolonialem Konzept. Das Museum am Rothenbaum – Kulturen und Künste der Welt (MARKK) legt auch sonst Wert auf Details und ist ein besonders interaktives und lebendiges Haus. 1879 gegründet, ist es seit 1912 an der Rothenbaumchaussee ansässig. Schon das Gebäude selbst ist sehenswert. Der Star des Museums ist das Original Maori-Haus »Rauru« aus dem 19. Jahrhundert, auf das sogar die Architektur des Museums beim Bau 1912 abgestimmt wurde. Das MARKK vermittelt auf 5200 Quadratmetern Fläche Kulturgeschichte aus Nord- und Südamerika, Afrika – darunter Alt-Ägypten – sowie Ostasien und Polynesien. Einfach selbst erkunden! Jährlich vor Weihnachten findet der »MARKK(T) der Kulturen und Künste« statt – und jeden Donnerstag ab 16 Uhr ist der Eintritt frei.

Rothenbaumchaussee 64 •
Tel. 040/42 88 79-0 •
www.markk-hamburg.de • Di–So
10–18 Uhr, Do bis 21 Uhr

 St. Johannis Pöseldorfs weithin sichtbare neugotische Kirche von 1880 – nicht zu verwechseln mit St. Johannis im nahen Eppendorf. Heimhuder Straße 92, stjohannis.hamburg

 Teehaus Yu Garden Erbaut nach prominentem Vorbild aus Hamburgs Partnerstadt Shanghai, ist das Chinesische Kulturzentrum Yu Garden traditionelles Teehaus sowie Tagungsort der Universität Hamburg. Es ist auch als Veranstaltungsort zu mieten. Die Parkanlage lädt zur Meditation. Feldbrunnenstr. 67, Tel. 040/37 50 20 20

 Wir folgen der Rothenbaumchaussee nach Norden bis zur Hartungstraße und biegen links ein. Danach folgen wir dem Grindelhof bis zur Grindelallee.

Traditionelle chinesische Architektur im Teehaus Yu Garden in Harvestehude

Das Grindelviertel

Geprägt wird das Grindelviertel vom Campus der Universität Hamburg mit vielen Buchhandlungen, Copyshops und internationaler Gastronomie. Zu Beginn des 20. Jahrhunderts lebte fast die Hälfte aller jüdischen Bürger Hamburgs am Grindel. Am Grindelhof steht die alte Talmud-Tora-Schule, deren Gebäude die Zerstörung durch die Nationalsozialisten überdauert hat. Daneben stand bis 1939 die Bornplatz-Synagoge, einst größte Synagoge Norddeutschlands, von der heute nur noch ein Mosaik im Boden zeugt. Vom heutigen Platz der Jüdischen Deportierten an der Moorweidenstraße aus wurden Tausende Menschen verschleppt und ermordet. Das Grindelviertel galt vor Beginn des Nationalsozialismus als eines der lebendigsten Viertel Hamburgs. Heute ist jüdische Kultur mit Cafés, Theater und Salons in Hamburg gerade im Grindel zunehmend wieder repräsentiert. Die ehemalige Talmud-Tora-Schule wurde 2007 als jüdische Stadtteilschule Joseph Carlebach – offen für alle Konfessionen – wiedereröffnet.

www.grindel.de/viertel/

 Café Leonar Jüdisches Kulturzentrum und Café mit koscheren Speisen. Grindelhof 59, Tel. 040/41 35 30 11, www.cafe leonar.de, www.salonamgrindel.de

 Hamburger Kammerspiele Das traditionsreiche Privattheater zählt zu den anspruchsvollsten Bühnen Hamburgs. Hartungstr. 9–11, Tel. 040/41 33 44–0, www.hamburger-kammerspiele.de

 Reckrad Mit Herz geführtes Radgeschäft mit Maßanfertigung und E-Bike-Verleih. Grindelallee 105, Tel. 040/53 02 61 00, www.reckrad.de, www.e-bike-verleih-hamburg.de

🚲 Wir fahren die Grindelallee links in Richtung Edmund-Siemers-Allee hinunter. Kurz nach dem Hauptgebäude der Universität überqueren wir die Straße und gelangen durch die Unterführung des Dammtor-Bahnhofs links über die Dag-Hammarskjöld-Brücke bis zur Kreuzung am Stephansplatz. Kurz dahinter beginnen die Colonnaden. Dort lohnt es sich abzusteigen, bevor die Tour nach einem Exkurs durch die Große Theaterstraße am Gänsemarkt endet.

Bahnhof Dammtor

Man nannte ihn auch den »Kaiserbahnhof«, denn der deutsche Kaiser soll hier als Erster ausgestiegen sein. Der Bahnhof am Dammtor, eröffnet 1903, verband das dänische Altona mit dem

Hamburger Hauptbahnhof. Das Dammtor war eines der Hamburger Stadttore in der alten Stadtmauer. Sie verlief ringförmig entlang der Wallanlagen und des heutigen Wallringtunnels. Dies ist heute noch gut am Straßenverlauf erkennbar. Die Zwischenstation am Dammtor hatte vor allem repräsentative Funktion: Vom Bahnhof Dammtor aus wurden wichtige Persönlichkeiten zum Hamburger Rathaus eskortiert. In den 1990er-Jahren wurde die Außenfassade des Bahnhofs erneuert, ab 1999 die Innenfläche saniert und ausgebaut.

 Das Kleine Grindel Minihotel, nur zwei Zimmer, in ruhigem Altbau-Hinterhof hinter dem Café Leonar. Grindelhof 59, Tel. 040/43 21 36 66, www.das-kleine-grindel.com

Hamburgische Staatsoper und Opera Stabile

1678 wurde das erste deutsche Opernhaus in Hamburg am Gänsemarkt gegründet. Seitdem hat sich der Standort der Hamburgischen Staatsoper kaum verändert. Das heutige Gebäude wurde in den 1950er-Jahren erbaut. Dort finden, begleitet vom Philharmonischen Staatsorchester, Opern- und Ballettaufführungen statt. Bereits seit mehr als 40 Jahren leitet Ballett-Legende John Neumeier das Hamburg Ballett. Für jede

Aufführung wird in der Oper ein eigener Tanzboden verlegt. Interessant sind die Führungen durch die Staatsoper mit einem Blick hinter die Kulissen. Im kleinen Haus, der Opera Stabile nebenan in der Kleinen Theaterstraße, gibt es einen abgewandelten Spielplan. Künstler der Staatsoper stellen hier in der Reihe »After work« eigene Programme vor, es gibt Aufführungen der »Opera piccola« für Kinder und Sänger aus dem Internationalen Opernstudio präsentieren neue Produktionen.

Große Theaterstr. 25 (Staatsoper) und Kleine Theaterstr. 1 (Opera Stabile) • Tel. 040/35 68 68 • www.staatsoper-hamburg.de

Burgerlich Beliebtes Burger-Restaurant mit leckeren Beilagen, kontrastreich nahe der Oper gelegen. Gänsemarkt 43, Tel. 040/33 44 18 52, www.burgerlich.com, Mo–Sa 12–21 Uhr

Die klare Linie der Fassade setzt sich im Programm der Staatsoper fort

Alster, Alsterschippern, Alster-Yoga

• Die **Alster** ist das souveräne Herz von Hamburg. Schon im 13. Jh. wurde sie zum künstlichen See aufgestaut. So wurden Überschwemmungen verhindert und man konnte die Wassermenge für den Betrieb von Mühlen regulieren. Die Binnenalster lag zu Zeiten des Stadtwalls von Hamburg innerhalb der Befestigungsanlage, die über die Lombardsbrücke verlief. Der Genuss eines ungestörten Spaziergangs rund um die Alster ist noch nicht lange selbstverständlich – erst nach dem Zweiten Weltkrieg wurden viele Privatgrundstücke von der Stadt gekauft und zum öffentlichen Park umgestaltet.

• **Alsterschippern** in sommerlich rot-weißen Alsterschiffen ist seit mehr als 150 Jahren ein traditionelles Hamburger Vergnügen. Statt Dampfschiffen wie einst fahren heute auch Solar-Katamarane und Alster-Cabrios in der Flotte der Alstertouristik. Ein einziges Dampfschiff fährt jedoch noch: der Alsterdampfer »St. Georg« aus dem Jahr 1876. Nach wechselhafter Geschichte umrundet er seit 1994 neben neueren Schiffen wieder das Ufer. Im Angebot der Alstertouristik sind Rundfahrten um Binnen- und Außenalster sowie Ausflugstouren auf den Alster-Seitenkanälen. Schiffsanleger gibt es rund um die Alster – jedoch sind Fahrräder an Bord nicht erlaubt (www.alstertouristik.de).

• Die Kombination von **Yoga** und Alster wird immer beliebter – kein Wunder, denn umgeben von hektischem Stadtverkehr bildet die Alster einen meditativen Ruhepol. Für Frühaufsteher und Yogis nach Feierabend laden vom Frühling bis zum Herbst gleich mehrere Yogaschulen zu Hatha Yoga am Ost- und Westufer der Alster ein (www.yogaanderalster.net; www.artyoga.de/alsteryoga).

Von der Messe zur HafenCity

Auf dieser Route zur Waterkant erfahren wir Hamburgs Gestern und Morgen: Von der Neuen Messe geht's ins bunte Karolinenviertel, zu den Altbauten der Neustadt und über die Speicherstadt zur HafenCity, deren Fleete und Bauten von Vergangenheit und Zukunft des Hafens erzählen.

 Vom U-Bahnhof »Sternschanze« fahren wir nach rechts, an den Bahngleisen entlang und überqueren die Rentzelstraßenbrücke hin zum Heinrich-Hertz-Turm in der Rentzelstraße, die bald zur Karolinenstraße wird.

Heinrich-Hertz-Turm

Am Beginn dieser Tour steht das höchste der Hamburger Wahrzeichen: der Heinrich-Hertz-Turm, auch Fernsehturm genannt. Von 1965–68 gebaut, war der Turm mehr als 30 Jahre lang ein Publikumsmagnet. Im rotierenden Café auf 127 Meter Höhe wurden Milchkaffee und Torte serviert, während die Gäste das 360-Grad-Panorama über der Stadt genießen konnten. Ende 2000 wurde der Turm wegen Asbestsanierung geschlossen. Heute steht das 278 Meter hohe Bau-

werk unter Denkmalschutz – vielleicht klappt es ja nach vielen Versuchen 2023 mit einer Wiedereröffnung!

Planten & Blomen und das Messegelände

Gegenüber dem Heinrich-Hertz-Turm befindet sich ein Eingang zum Park Planten & Blomen, plattdeutsch für Pflanzen & Blumen. In den 1960er-Jahren für die Internationale Gartenschau angelegt, ist der Park bis heute eine liebevoll gehegte Vorzeige-Grünanlage der Stadt. Radfahren ist dort nicht erlaubt. Südlich des Fernsehturms befinden sich die Messehallen. Eine gläserne Fußgängerbrücke verbindet die Ausstellungshallen der 2008 erweiterten Neuen Messe über die Karolinenstraße hinweg.

Wenige Meter weiter wurde die beabsichtigte Verbindung von Gestern und Morgen auf dem Messegelände auch architektonisch umgesetzt: Das historische Verwaltungsgebäude eines ehemaligen Kraftwerks in der Karolinenstraße wird von der neuen Architektur der Messehallen wortwörtlich »behütet« und ist ein originelles Foto-Motiv.

Jungiusstr. 1 • http://plantenun-blomen.hamburg.de

Die Neue Messe vor dem Hamburger Fernsehturm gibt sich futuristisch

27 Räder Verkauf, schnelle Reparatur und Wunsch-Anfertigung von Fahrrädern zu fairen Preisen. Glashüttenstraße 27, Tel. 0172-451 45 46, Mo–Fr 12–19 Uhr

Gretchens Villa Schon das Tapetenmuster macht gute Laune, die Quiche auch. Nebenan in Gretchens Zuckerbude gibt's Süßigkeiten, Schmuck und selbst gemachte Marmelade. Marktstr. 142, Tel. 040/6 97 24 34, www.gretchens-villa.de; Mo–So 10–18 Uhr

Wir folgen der Karolinenstraße nach Süden. Bevor wir rechts in die Marktstraße einbiegen, lohnt sich eine Pause auf dem Tschaikowskyplatz vor der Gnadenkirche. Hier gibt's viele kleine Cafés und trotz umliegender Hauptstraßen fühlt man sich ein bisschen wie im Urlaub. Von dort aus radeln wir dann die Marktstraße entlang durchs Karolinenviertel und zur Schlachthofpassage.

Karolinenviertel

Klein, aber oho – die kleine Schwester des Schanzenviertels lädt ein zur Stöbertour. Seine isolierte Lage zwischen Messegelände, Schlachthof und dem Heiligengeistfeld ließ das kleine Karolinenviertel immer verschwiegener wirken als das extrovertierte Schanzenviertel nebenan. Die Ausgangslage war ähnlich: Brachflächen, Leerstand und marode Bausubstanz kennzeichneten in den 1970er-Jahren beide Viertel. Arbeiter, Künstler und Punks zog es damals ins Karolinen- und Schanzenviertel. Die Nähe zu Kunst und Kreativität prägt das Viertel und drückt sich auch aus durch Projekte wie das Künstlerhaus Vorwerkstift in der Marktstraße. Viele Altbauten im Karoviertel wurden im letzten Jahrzehnt grundsaniert und Leerstellen um schicke Neubauten ergänzt. Die Mieten sind gestiegen, der bunte Charme ist geblieben. Designer-Shops mit individueller Mode und handgemachten Unikaten säumen die Marktstraße. Daneben gibt es immer noch kleine Läden mit Räucherstäbchen und indischen Pumphosen. Mittelpunkt des Karoviertels ist der Ölmühlenplatz. Von dort führt eine Brücke über die U-Bahn-Gleise zum großen Vorplatz der Schlachthofpassage, der »Bühne« des Karoviertels. Hier ist jeden Samstag ein beliebter Flohmarkt. Die Karo-Diele im alten Schlachthofgebäude führt zur Sternstraße und verbindet das Karolinen- mit dem Schanzenviertel.

www.hamburg.de/karoviertel

 Gnadenkirche Die neoromanische Kirche von 1906 wurde als evangelische Kirche erbaut und 2004 der russisch-orthodoxen Gemeinde übergeben. Karolinenstr. 8

 In guter Gesellschaft Nachhaltiges Zero-Waste-Café, mit Öko-Workshops, Kleidertausch und vielen Plätzen an der Sonne. Sternstraße 25, www.in-guter-gesellschaft.com, Mi–Mo 10–18 Uhr

 Classic Cycles Hunderte gebrauchter und neuer Fahrräder in der Schlachthofpassage. Karo-Diele, Neuer Kamp 30, Tel. 040/87 50 82 97, www.classic-cycles.net

 Cohen + Dobernigg Tolle Buchauswahl in schönem Ambiente mit Lounge-Sesseln. Regelmäßig Autoren-Lesungen. Sternstr. 4, Tel. 040/40 18 51 10, www.codobuch.de

 Nach einer Runde durch die Schlachthofpassage kommen wir zur Feldstraße und zum St. Pauli Bunker. Seit 2022 hat der monumentale Betonbau einen frischen, grünen Schopf aus Bäumen und Kletterpflanzen. Ein abenteuerlicher Bergpfad führt rundherum zum Dachgarten in 58 m Höhe. An dessen Ausgang wenden wir uns nach rechts und fahren gera-

Von Designermode bis Räucherstäbchen: Alternatives Shopping im fröhlich-bunten Karoviertel

deaus weiter zum Sievekingplatz und zur Laeiszhalle.

Für Klassik-Konzerte in phänomenaler Akustik empfiehlt sich die Laeiszhalle

 Uebel & Gefaehrlich Bester Musikclub im Bunker, mit DJ-Sets und Live-Konzerten. Feldstr. 66, Tel. 0157/38 27 64 69, www.uebelundgefaehrlich.com; 0–24 Uhr

 XeÔm Eatery Vietnamesisches Streetfood in authentischem Ambiente, Karolinenstraße 25, Tel. 040/18 13 82 63, www.xeomeatery.de, Mo–Sa 12–22, So 14–22 Uhr

 Osho Sauna Ein Urgestein im Karoviertel, heute ganz un-esoterisch. Kleine Oase mit Massage und Ruhebereich im lauschigen Hinterhof. Nur mit Anmeldung. Karolinenstraße 7a, Tel. 01 76/30 48 41 78, Mo–So 16–23 Uhr

Laeiszhalle

Bis die Elbphilharmonie ihr Konkurrenz machte, beanspruchte die Laeiszhalle den Status der bedeutendsten Konzerthalle Hamburgs für sich allein. Das neobarocke Konzerthaus von 1908 ist benannt nach seinen Stiftern Carl Heinrich und Sophie Laeisz. Im Großen und im Kleinen Saal der Laeiszhalle werden hauptsächlich klassische Konzerte gegeben, aber auch andere Musikrichtungen und Genres – z.B. Lesungen – stehen auf dem Programm. Kostprobe gefällig? Einmal im Monat, immer an einem Dienstag, spielen die Hamburger Symphoniker im Brahms-Foyer bei freiem Eintritt zum Lunchkonzert mit leichten Speisen auf. Ein besonderes Highlight: Mit der »Elbphilharmonie Instrumentenwelt« bieten Laeiszhalle und Elbphilharmonie in ihrer Mediathek viele experimentelle Workshops für Kinder und Erwachsene an – sowohl vor Ort als auch mobil oder digital.

Johannes-Brahms-Platz
• **www.elbphilharmonie.de/de/laeiszhalle** • **Tel. 040/357 66 62 11** • **www.elbphilharmonie.de/de/workshops**

 Wir fahren rechts an der Laeiszhalle vorbei den Valentinskamp hinunter. Nach dem Bäckerbreitergang geht's rechts durch eine bemalte Toreinfahrt in einen Innenhof des Gängeviertels.

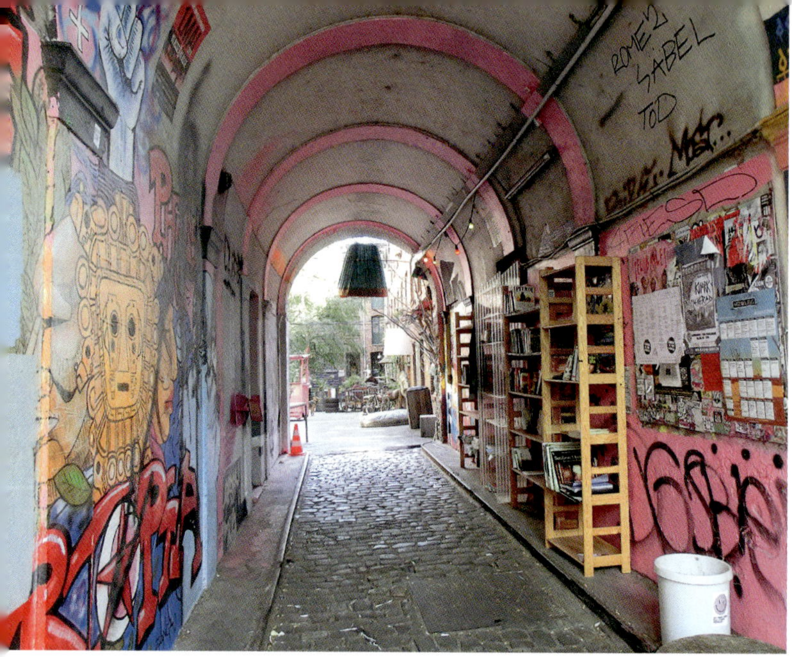

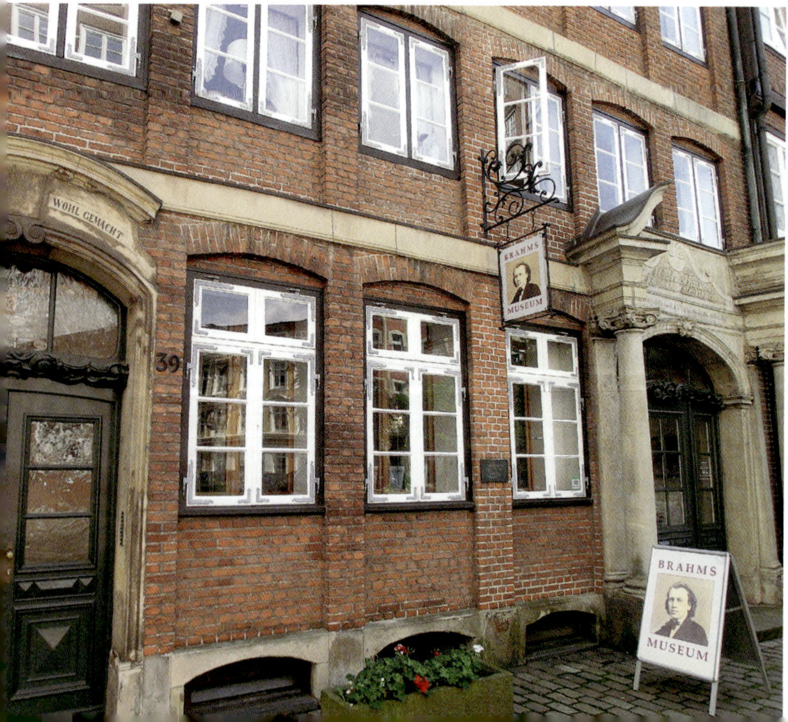
WOHL GEMACHT
39
BRAHMS
MUSEUM
BRAHMS
MUSEUM

Gängeviertel

Nur einen Katzensprung von der Laeiszhalle entfernt befinden sich die schmalen Gassen des Gängeviertels. 2009 wurden die historischen Häuser von einer Künstlerinitiative vor dem geplanten Abriss gerettet. Nach jahrelangem Verfall hatte die Stadt zuvor die Häuser, die zum ältesten Baubestand Hamburgs zählen, an private Investoren verkauft, verbunden mit der Zusage einer denkmalgerechten Sanierung. Nachdem diese nicht geschah, drohte nach einem weiteren Verkauf der Abriss des Gängeviertels zugunsten von Hotels und Büros. Die kreative Besetzung der Häuser durch engagierte Bürger konnte den Rückkauf durch die Stadt erwirken. Seitdem ist das Gängeviertel überregional bekannt. Selbst organisierte Ausstellungen, Partys, Filmvorführungen, eine Fahrradwerkstatt und ein Umsonst-Kiosk gehören zu den Angeboten des neu belebten Viertels. Die Wohnräume wurden mit Mitteln der Stadt saniert – seine Entwicklung bleibt spannend.

Valentinskamp 39 • www.das-gaenge viertel.info

Oben: Willkommen zu Kunst und selbst organisierter Stadtkultur im kreativen Gängeviertel

Unten: Neue Museen in alten Kaufmannshäusern: das KomponistenQuartier

Geradeaus verlassen wir den Innenhof und kommen zu einem Vorplatz. Rechts geht es weiter durch den Bäckerbreitergang bis zur Kaiser-Wilhelm-Straße. Diese überqueren wir an der Kreuzung und kommen in die Neustadt. Von der Straße Kohlhöfen biegen wir rechts in die Markusstraße und gelangen durch eine rechts ab-gehende Gasse zur Petersstraße mit den Museen im KomponistenQuartier.

Museen im KomponistenQuartier

Eine Zeitreise vom Barock bis zur Neuzeit bietet das 2015 eröffnete KomponistenQuartier in der Neustadt. In einem historischen Gebäudekomplex wird hamburgische Musikgeschichte erlebbar. Rund um das Brahms-Museum von 1971 reihen sich insgesamt fünf weitere Museen in restaurierten Hamburger Kaufmannshäusern. Das Brahms-Museum zeigt Instrumente, Fotos und Dokumente von Johannes Brahms in dessen Geburtshaus. 2011 kam das Telemann-Museum dazu, im März 2015 eröffneten dann je eigene Häuser für Carl Philipp Emanuel Bach und für den Opernkomponisten Johann Adolf Hasse (s. Tour 1). Mit

dem Fanny und Felix Mendelssohn Museum sowie dem Gustav Mahler Museum ist das KomponistenQuartier seit 2018 komplett. Zu erleben ist dort u. a. der Arbeitsalltag Gustav Mahlers, der ganz nebenbei ein begeisterter Radfahrer war! Zur Einstimmung oder zum Ausklang lädt das im Biedermeierstil gestaltete »Kleinhuis' Café & Weinstube« im KomponistenQuartier.

Petersstr. 28 • Tel. 040/63 60 78 82 • www.komponistenquartier.de

Museum für Hamburgische Geschichte

Ganz in der Nähe des Komponisten-Quartiers liegt das Hamburg Museum, entworfen vom Architekten Fritz Schumacher. Auf dem Gelände des heutigen Museums stand ab 1820 die Hamburger Sternwarte, die 1909 nach Bergedorf umzog. Auch dies ist im Hamburg Museum vermerkt, denn die Stadtentwicklung Hamburgs vom Jahr 800 bis heute ist in dem 1922 eröffneten Backsteinbau ausgiebig dokumentiert. Von der frühen Besiedlung des Alsterufers über mittelalterliche Küchengeräte bis zum interaktiven Stadtplan reicht das Spektrum der Ausstellung. Hamburgs

jüdische Geschichte seit dem Mittelalter ist detailliert bekundet, u. a. mit einem Synagogenraum. Auch die HafenCity hat bereits vor ihrer Fertigstellung Einzug ins Museum gehalten.

Holstenwall 24 • Tel. 040/ 42 81 32 100 • www.mhg.shmh.de

 Eiskantine Legendäres Eis, leckere Kuchen und Panini, alles regional, bio und hausgemacht. Kohlhöfen 10, Tel. 040/18 04 84 24, www.eiskantine. com; Mo–Sa 12–18 Uhr

 Akiko Japanische Stoffe, Papiere und Modeaccessoires. Wexstr. 39, Tel. 040/60 08 28 71, www.akiko-japan.de; Di–Fr 11–19, Sa 11–15 Uhr

 Vom KomponistenQuartier aus überqueren wir die Straße »Hütten« in Richtung Holstenwall. Nach einer Schleife zum Hamburg Museum am Holstenwall kehren wir in die Neustadt zurück und folgen der Neanderstraße geradeaus über die Ludwig-Erhardt-Straße zum »Michel«.

Hauptkirche St. Michaelis

Den Hamburger »Michel« kennt jeder. Ob man selbst oben gewesen ist oder nicht, gesehen hat man ihn, denn die

Silhouette der barocken Hauptkirche ziert Hamburger Ansichtskarten, Stadtführer und Souvenirs. Die Turmuhr ist mit acht Metern Durchmesser die größte in Deutschland. Auch der Ausblick von der Aussichtsplattform in 109 Metern Höhe über den Hafen ist ein Superlativ – bei Tag bezaubernd und bei Nacht auch mit Drinks von der »Michel«-eigenen Bar zu genießen. Von hoch oben geht es tief hinab: In der Krypta, die im Zweiten Weltkrieg als Luftschutzbunker diente, wurden viele prominente Hamburger bestattet. Dort befindet sich auch die Ausstellung »Michaelitica«, die historische Funde aus dem »Michel« zeigt. Noch weiter unter der Kirchengruft befindet sich ein Tunnelsystem, das zur Belüftung und Inspektion der Grundmauern diente. Die Geheimgänge aus dem Jahr 1762 können auf einem Rundgang besichtigt werden. Regelmäßig werden Führungen durch die Krypta, das Gewölbe der Geheimgänge und durch den prächtigen Innenraum des Michels angeboten.

Englische Planke 1a • Anmeldung für Führungen: Tel. 040/37678-0 • Mo–Fr 10–18 Uhr • Michel bei Nacht: Tel. 0174/80512 02 • www.nacht michel.de

Krameramtsstuben

Unweit der evangelischen St.-Michaelis-Kirche findet sich ein weiteres historisches Gängeviertel, die kleine Gasse der Krameramtsstuben, erbaut ab 1720. Eine dieser Wohnungen mit Original-Einrichtung von 1850 ist eine exem-plarische Außenstelle des Hamburg Museums. In den von Hamburger Kaufleuten gestifteten Wohnungen fanden einst mittellose Kaufmannswitwen Unterkunft.

Krayenkamp 10 • Tel. 040/ 37501988 • www.shmh.de/de/ kramer-witwen-wohnung • April–Okt. Mo, Mi–Fr 10–17, Sa, So 10–18 Uhr, Nov.–März Sa, So 10–17 Uhr

 Cotton Club Traditioneller Jazz im Keller. Alter Steinweg 10, Tel. 040/343878, www.cotton-club. de; Mo–Sa ab 20, So 11–14.30 Uhr

 Wir überqueren die Ludwig-Erhardt-Straße zur Neanderstraße, sind zurück in der Neustadt und folgen dem Neuen Steinweg zum Großneumarkt. Dann geht es bergab durch die Wexstraße bis zur Steinwegpassage. An deren Ende fahren wir wenige Meter nach links zur Michaelispassage, durch die wir zur Michaelisbrücke und zum Rödingsmarkt gelangen. Dort

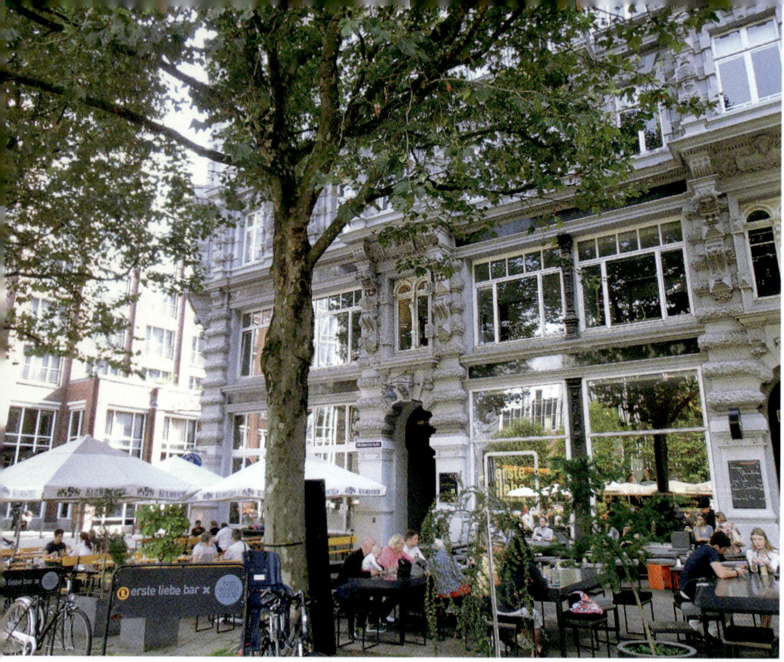
erste liebe bar

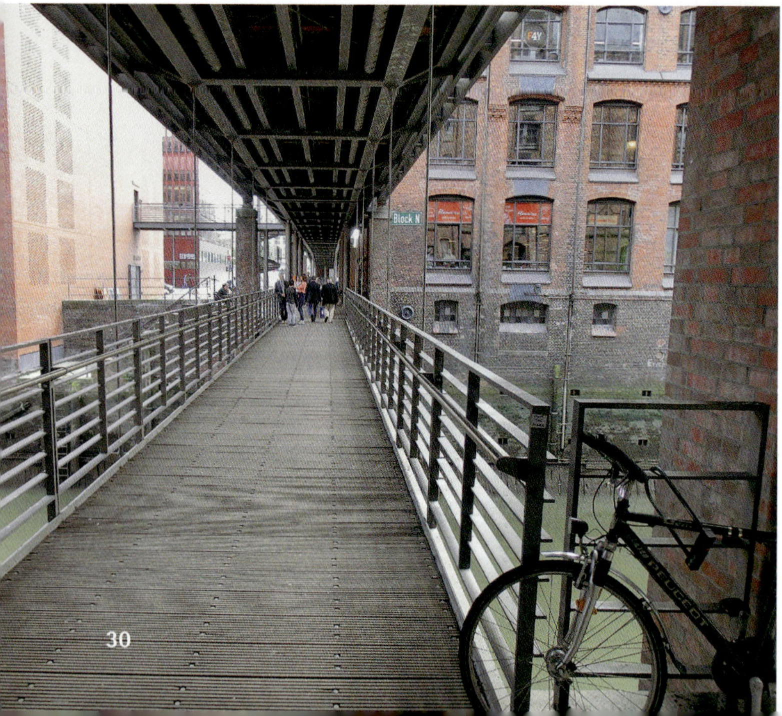
Block N

sehen wir den ausgebrannten Kirchturm St. Nikolais.

Mahnmal St. Nikolai

Bereits seit 1195 wurden an dieser Stelle nach St. Nikolaus benannte Kirchen gebaut und nach Bränden immer wieder neu errichtet. Das nahe gelegene Nikolaifleet ist die Geburtsstätte des Hamburger Hafens. Die heutige, während der Luftangriffe im Juli 1943 zerstörte Kirchenruine wird als Mahnmal gegen den Krieg konserviert. Es finanziert sich ausschließlich aus Spenden und Mitgliedsbeiträgen. Der Kirch-turm ist der höchste Hamburgs; ein gläserner Panoramalift fährt hinauf zur Plattform, die in 76 Metern Höhe einen Rundblick über Hamburg bietet. Das Museum St. Nikolai zeigt eine Dauerausstellung zur Zerstörung Hamburgs 1943 und befasst sich mit Erinnerungskultur zum Zweiten Weltkrieg. Auch Kirchenkonzerte, Vorträge und Lesungen finden statt.

Willy Brandt-Str. 60 • Tel. 040/ 37 11 25 • www.mahnmal-st-nikolai.de

Oben: Schöne Straßencafés machen warme Sommertage in Hamburgs Neustadt zum Genuss

Unten: Brückenschlag zwischen Gestern und Heute: die historische Speicherstadt im Hamburger Hafen

 Wir überqueren die Trostbrücke, die einst Grenzlinie zwischen Bischofs- und Bürgerstadt war, und sind nun in der Altstadt. Hier schlägt das Herz Hamburgs: Auf dem Domplatz ein Stück weiter nördlich stand einst die namensgebende Hammaburg. Nach der Trostbrücke halten wir uns rechts am Wasser, fahren dann links die Domstraße hinauf und biegen rechts ab in die Große Reichenstraße. An deren Ende biegen wir links ein in den Alten Fischmarkt und rechts in den Schopenstehl. Weiter geht es geradeaus durch die Niedernstraße zur Altstädter Straße. Durch den Innenhof des Sprinkenhof Kontorhauses kommen wir zur Burchardstraße und rechts zurück zur Niedernstraße.

Altstadt und Hammaburg

Auf dem Domplatz befindet sich der historische Kern Hamburgs. Anfang 2014 konnte offiziell bestätigt werden, dass die Hammaburg, auf die sich Name und Stadtgeschichte Hamburgs berufen, bereits im 8. Jahrhundert auf dem Domplatz südlich der Hauptkirche St. Petri stand. Untersuchungen lieferten den Beweis für die Existenz der frühen Besiedlung, schon damals auch durch Händler und Kaufleute. Im

Archäologischen Museum (AMH) In Harburg (s. Tour 9) sind Tonscherben aus der Hammaburg zu sehen. Eine Ausstellung zum historischen Werdegang des Domplatzes kann virtuell online besichtigt werden.

Domplatz • www.docplayer.org/15653412-Hamburgs-wiege-der-domplatz.html

 Bike Café Zweiradperle Kaffeespezialitäten, Snacks, charmant geführte Radtouren durch Hamburg, Fahrradverleih, Radreparaturen und -verkauf. Altstädter Str. 3–7, Tel. 040/30 37 34 74, www.zweiradperle.hamburg; täglich 10–18 Uhr

In der Niedernstraße führt rechts ein Durchgang zum Innenhof des Chilehauses. Durch den Hof dieses Kontorhauses kommen wir zum Meßberg und überqueren die Willy-Brandt-Straße und die Brücke Wandrahmsteg. Damit sind wir in der Speicherstadt, beim »Dialog im Dunkeln« und beim »Dialog im Stillen«. Am Ende des Alten Wandrahms biegen wir links in die Dienerreihe.

 Chocoversum Das Museum der süßen Verführung lädt ein zur Schokokreation nach eigenem Rezept. Meßberg 1, Tel. 040/41 91 23 00, www.hachez-chocoversum.de; Mo–So 10–18 Uhr

 Dialog im Dunkeln & Dialog im Stillen Wie lebt es sich in völliger Finsternis? Sehende machen hier eine ungewohnte Erfahrung. Der Dialog im Stillen im Nachbarhaus gibt einen Einblick in die Welt ohne Gehör. Alter Wandrahm 4, Tel. 040/309 63 40, www. dialog-in-hamburg.de; Di–Fr u. So 9.30–16 Uhr, Sa 12–18.30 Uhr, aktuelle Anpassungen stets online

Am Ende der Dienerreihe fahren wir rechts den Brooktorkai entlang bis zur Kreuzung beim Fleetschlösschen. Dort biegen wir schräg ein auf die Brücke zum Pickhuben. Nach wenigen Metern lockt links die Fußgängerbrücke Kibbelsteg mit fotogenen Ausblicken. Wir kommen zu den Magellan-Terrassen und zu den Museen Am Sandtorkai in der Speicherstadt.

 Café Wasserschloss Teekontor, Café und Gastronomie à la carte in historischem Haus mitten im Fleet. Dienerreihe 4, Tel. 040/558 98 26 40, www.wasserschloss.de; täglich 12–20 Uhr

Café/Bar Fleetschlösschen
Leckere Suppen, mediterrane
Snacks und guter Wein im ehemaligen Zollhäuschen. Brooktorkai 17,
Tel. 040/30 39 32 10,
www.fleetschloesschen.de;
Mo–Do 11–19, Fr, Sa 11–21, So
11–18 Uhr

Kaffee, Gewürze und edle Teppiche lagerten einst in der Speicherstadt

Die Speicherstadt

Was heute die HafenCity ist, war vor
200 Jahren die Speicherstadt: ein
Mammutprojekt am Hamburger Hafen,
dem im Fall der Speicherstadt ein ganzes Wohnviertel weichen musste. Ende
des 19. Jahrhunderts wurde die freie
Stadt Hamburg Mitglied im Deutschen
Zollverein. Damit durften Waren nicht
mehr zollfrei überall gelagert werden. Gerade die Zollfreiheit aber hatte
Hamburgs Händler reich gemacht.
Also musste ein zentrales zollfreies
Zwischenlager für Waren her: die Speicherstadt. Mehr als 20 000 Menschen
wurden bei ihrem Bau zwischen 1883
und 1888 obdachlos. Heute zeugen im
Hamburg Museum Fotos und Zeichnungen von dem einstigen Altstadtviertel auf den Elbinseln Kehrwieder und
Wandrahm. In die kunstvoll verzierten
Backsteinbauten der Speicherstadt
konnten Waren per Seil- und Hydraulikwinden hinaufgezogen werden. Ein
damals hochmodernes Kohlekraftwerk,
das Strom für Winden und Beleuchtung lieferte, befand sich im Kesselhaus.
Auch heute wird die Speicherstadt noch
genutzt. Daneben ist sie dank ihrer
neugotischen Fassaden eine Art
Freiluftmuseum. Fast die Hälfte
der Gebäude wurde im Zweiten
Weltkrieg zerstört, jedoch originalgetreu wieder aufgebaut.
Das Speicherstadtmuseum
macht die Geschichte des
Ortes erlebbar. Zudem gibt
es Touren durch den historischen
Lagerkomplex auch virtuell.

**Am Sandtorkai 36 • Tel. 040/32 11 91
• www.speicherstadtmuseum.de,
www.virtualtour-hamburg.com**

Spicy's Gewürzmuseum Ob Zimtkaffee, Kurkuma oder Muskatblüte
– mehr als 50 aromatische Ausstellungsstücke können probiert

werden. In dem privaten Museum stehen Lesungen, Koch- und Backvorführungen auf dem Programm und es gibt kulinarische Führungen durch die Speicherstadt. Am Sandtorkai 34, Tel. 040/36 79 89, www.spicys.de

 Internationales Maritimes Museum Hamburg Umfassende Ausstellungen rund um Schifffahrt und Meer in der Speicherstadt. Koreastr. 1, Tel. 040/30 09 23 00, www.imm-hamburg.de; täglich 10–18 Uhr

 Am Ende des Sandtorkais fahren wir links über eine Brücke hinüber zur Elbphilharmonie am Kaiserhöft.

HafenCity

Täglich kann man in der HafenCity zusehen, wie ein neuer Stadtteil entsteht. Das gigantische Projekt HafenCity ist seit 2007 im Bau und mit 157 Hektar die größte innerstädtische Baustelle Europas. Die Planungen für die HafenCity begannen bereits zehn Jahre früher, im Jahr 1997. Die nagelneue U-Bahn-Linie U4 ist fertig, viele Wohnungen und Plazas auch, aber es gibt weiterhin riesige aktive Baufelder. Im Info-Center im Kesselhaus der Speicherstadt ist ein Modell der zukünftig komplett fertiggestellten HafenCity aufgebaut. Seit

dem Jahr 2000 wird dort dokumentiert, was gerade wo gebaut wird. Kostenlose Führungen durch die HafenCity werden regelmäßig angeboten.

HafenCity InfoCenter im Kesselhaus • Am Sandtorkai 30 • www.hafencity. com • Di–So 10–18 Uhr

Elbphilharmonie

Am 11. Januar 2022 feierte die Elbphilharmonie ihren fünften Geburtstag. Seit 2017 ist die 110 Meter hohe »gläserne Woge« dank vielfältiger Konzerte und Lesungen mit hoch gelobter Akustik, innovativer Architektur und einst hoher Baukosten ein Konzerthaus der Superlative. Längst hat sich das liebevoll »Elphi« genannte Gebäude einen festen Platz in der musikalischen Kulturlandschaft, in der Stadt-Skyline und auch im Herzen der Hamburger erworben. Wo heute die Elbphilharmonie steht, prunkte bereits vor Fertigstellung der historischen Speicherstadt ein anderer Prachtbau: der Kaiserspeicher. Er wurde 1963 als Kriegsruine gesprengt. Sein denkmalgeschützter Nachfolger, der Kaispeicher A, bildet

Oben: Neue Perspektive mit besten Aussichten beim entspannten Radeln in der HafenCity

Unten: Schlägt hohe Wellen: die Elbphilharmonie

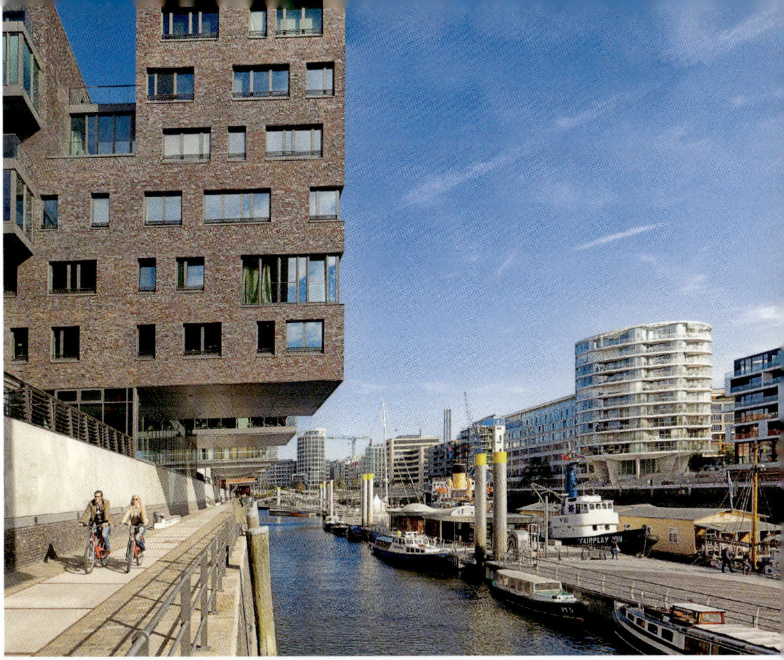

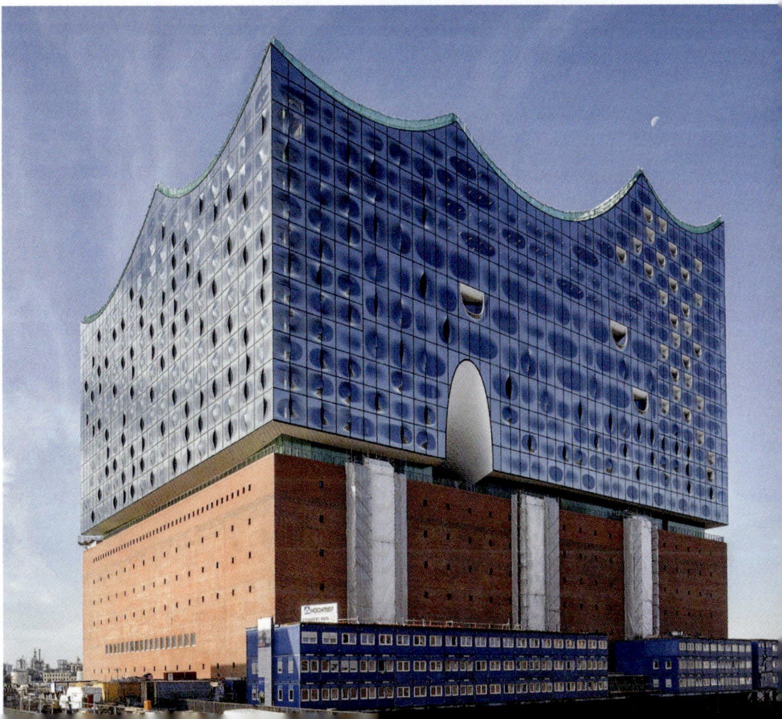

heute das Fundament der Elbphilharmonie. Diese bildet zusammen mit der traditionsreichen Laeiszhalle das Duo Hamburgs bester Konzert-Veranstaltungsorte. Live-Mitschnitte von Konzerten, Künstler-Interviews sowie virtuelle Besichtigungen des Hauses gibt es regelmäßig online in der Mediathek..

Am Kaiserkai • www.elbphilharmonie.de • Das Kulturcafé bleibt vorübergehend geschlossen.

 Klein und Kaiserlich Zauberhaftes Wiener Kaffeehaus mit smaragdgrüner Tapete und süßen österreichischen Teigwaren. Am Kaiserkai 26, Tel. 040/36 12 24 80, www.k-u-k-kaffeehaus.de; Mi–So 10–18 Uhr

 Hafenkran Hamburg Schon mal in einem Original-Hafenkran übernachtet? Im Doppelbett in acht Metern Höhe lässt sich der Panoramablick auf Hafen und Elbphilharmonie genießen. www.floatel.de/hideaways/hafenkran-hamburg

 Wir fahren am Kaiserkai entlang zu den Marco-Polo-Terrassen am Großen Grasbrook. An Baufeldern vorbei geht es zur Überseeallee, von der wir abbiegen, um am Wasser entlang bis zur HafenCity Universität zu radeln, wo unsere Tour an der gleichnamigen U-Bahnstation endet. Dort bietet eine Lichtinstallation auf dem Bahnsteig eine bunte Gratis-Lightshow für HVV-Fahrgäste.

HafenCity Universität

Die Live-Baustelle der HafenCity direkt vor der Tür ist das passende Umfeld für die HafenCity Universität (HCU), denn die Schwerpunkte der jüngsten Uni der Stadt sind Stadtplanung und die Zukunft von Metropolen. Bereits seit 2006 wird an der HCU gelehrt – doch erst seit 2014 an ihrem eigenen Standort in der HafenCity-Ost. Neu am Konzept der HCU ist die Verbindung von Architektur, Ingenieur- und Sozialwissenschaften unter einem Dach. Das ermöglicht eine frische Perspektive auf das Thema Stadtplanung. Auch die Cafeteria im südlichen Teil der HafenCity Universität bietet eine wunderbare Perspektive – mit weitem Blick auf das Hafenpanorama. Kleiner Tipp: Gegenüber ist der orangefarbene Aussichtsturm »View-Point HafenCity« am Großen Grasbrook. Fährt man über die Brücke bei der HafenCity Universität, wird man mit einem schönen Panoramablick über das gesamte Areal belohnt.

Überseeallee 16 • www.hcu-hamburg.de

Rad und Tat in der Altstadt

• Das **»Bike-Café Zweiradperle«** in der Altstadt serviert Espresso, Saft und Sandwiches für Radler, die ihr Gefährt auch mit ins Café nehmen dürfen. Reparaturservice und Fahrradverleih ergänzen das Programm. Auch geführte Themen-Radtouren durch Hamburg werden hier angeboten (www.zweiradperle.hamburg/kontakt).

• Rund um die Schlachthofpassage findet samstags die **»Flohschanze«** statt (jeden Sa 9–18 Uhr). Im Angebot: stylische Möbel der 1970er-Jahre, Antiquitäten und jede Menge bunter Klamotten. Der Flohmarkt ist ganzjährig bei Anwohnern und Touristen beliebt. Wer dem Gewusel entkommen will, schaut dem Treiben von den großen Treppenstufen an der Kopfseite des Platzes aus zu.

• Das Gelände der HafenCity bleibt neben aller Neuheit auch ein historischer Ort: Etwas nördlich der HafenCity Universität, im nahen Lohsepark, wird in Zukunft der Gedenkort **Hannoverscher Bahnhof** an Tausende von Juden, Sinti und Roma erinnern, die ab Mai 1940 über fünf Jahre lang von hier in Vernichtungslager deportiert wurden. Der Hannoversche Bahnhof wurde 1872 als Personen- und Güterbahnhof für Hamburgs Süden gebaut. 1906 wurde er durch den Bau des Hamburger Hauptbahnhofs als Personenbahnhof abgelöst. Bei Bombenangriffen 1943 wurde der Bahnhof beschädigt, die Gleisanlagen wurden jedoch weiter unterhalten. Heute ist das ehemalige Bahnhofsgelände Teil des Baugebiets der HafenCity, die Gleise und Gebäude des Bahnhofs gibt es nicht mehr. Bis zur Eröffnung der Gedenkstätte lädt der Info-Pavillon zur Erinnerung (1.5.–31.10. Mo–So 12–18 Uhr).

Vom Schanzenviertel nach St. Pauli

Bunt, schräg und unkonventionell geht es auf unserem Zick-zack-Weg gen Hafen zu. Im Schanzenviertel trifft lebendige Subkultur auf neu Etabliertes, das glitzernde St. Pauli wartet mit Kontrasten auf und die Reeperbahn ist weit mehr als nur eine sexy Meile im Neonlicht.

Schanzenviertel

Unsere Tour beginnt am S-Bahnhof »Sternschanze«. Gegenüber dem Bahnhof liegt der Schanzenpark. In den Gewölben des ehemaligen Wasserturms in der Parkmitte residiert heute ein Mövenpick-Hotel mit Panoramablick. In der Susannenstraße reihen sich Klamotten- und Schuhläden an Bars und Cafés und der türkische Gemüseladen an der Ecke Bartelsstraße hat längst Kultstatus erreicht. Direkt hinter dem Bahnhof beginnt der kulinarische Teil der Schanze. Seit Tim Mälzer auf dem Areal des alten Schlachthofs sein Restaurant

»Bullerei« eröffnet hat, reißt der Strom neugieriger Besucher nicht mehr ab.

....

 Bullerei Deli & Restaurant mit planvoll-abgerocktem Industriecharme und viel Fleisch auf den Tellern. Lagerstr. 34b, Tel. 040/33 44 21 10, www.bullerei.com; Mo–So ab 18 Uhr, Deli Mo–So ab 11 Uhr

 Central Park Entspannter geht's kaum: barfuß im Sand im Schanzen-Beachclub. Max-Brauer-Allee 230, www.centralpark-hamburg.net, geöffnet im Frühling und Sommer Mo–Do 13–23, Fr 13–0, Sa 11–0, So 11–23 Uhr, im Herbst erst ab 17 Uhr

 Mövenpick Hotel Hamburg Das Hotel im Wasserturm eignet sich ideal für Städtereisen, Sternschanze 6, www.movenpick.com

 Ausgangspunkt ist der S-Bahnhof »Sternschanze«. Direkt hinter dem

Bahnhof lohnt es sich, das Gewerbegebiet mit einigen Gastronomie-Perlen zu entdecken. Wir überqueren die Schanzenstraße, fahren unter der Bahnbrücke hindurch und biegen rechts in die Susannenstraße, die zur Mitte von einem Fußgängerstreifen unterteilt wird. Wir radeln darüber hinweg bis zum Schulterblatt.

Schulterblatt

Benannt nach dem Schulterblatt eines Wals, das im 19. Jahrhundert Aushängeschild einer ansässigen Kneipe war, ist diese Straße die pulsierende Hauptschlagader der Schanze. Pastelarias und Cafés, Straßenmusiker, die Rote Flora und viele kommerzielle Ladenketten bestimmen das Straßenbild. Auf der Schulterblatt-Piazza findet jeden Donnerstag ein Öko-Wochenmarkt statt. Am Tag der Arbeit am 1. Mai geht es hier seit den 1980er-Jahren hoch her. Brennende Autos und zerstörte Schaufenster sind die oft traurige Bilanz der Auseinandersetzungen zwischen Demonstranten und Polizei. Das jährlich im September ohne offizielle Erlaubnis gefeierte Schanzenfest auf dem Schulterblatt ist legendär. Die Veranstaltung bleibt jedoch mit nötigen Corona-Auflagen aktuell bestenfalls eine Überraschung. Eine willkommene Pause von Kopfsteinpflaster und engen

Gehwegen bietet der Spielplatz »BaSchu« zwischen Bartelsstraße und Schulterblatt. Der Eingang zum »BaSchu« ist neben dem Crepe & Croque-Laden am Schulterblatt – er führt zu einer versteckten Oase.

 Bikefactory Style Dept. Der neue Ableger der »Bike Factory« hat sich auf schlichte und schöne Räder spezialisiert. Rosenhofstr. 20, Tel. 040/43 19 77 37, www.fahrrad-shop-hamburg.de; www.bikefactory-hamburg.de

 Café Unter den Linden Steht seit 1982 für stilvolle Muße, güldene Tapeten und ein wunderbares Frühstück. Juliusstr. 16, Tel. 040/43 81 40, www.cafe-unter-den-linden.net; täglich 9.30–1 Uhr

 Stüdemann's Wunderbare Auswahl an süßen Delikatessen, Kaffee und Pralinen. Schulterblatt 59, Tel. 040/430 06 33, Mo–Sa 11–18 Uhr

 Wir fahren nach rechts die breite Schulterblatt-Piazza entlang, wieder unter der S-Bahn-Brücke hindurch und biegen links in die Max-Brauer-Allee ein. Hier gibt's nette Cafés und einen Beachclub. Vorbei am Bauwagenplatz »Zo-

mia« biegen wir links in die Lippmannstraße, die uns durch den
Flora-Park mit seiner Kletterwand
wieder zum Schulterblatt bringt.

Rote Flora

Das kulturelle Herz der Schanze wurde
im Sommer 2015 als öffentliche Baustelle in selbst verwalteter Kleinarbeit
frisch saniert und renoviert. Jetzt ist
die Rote Flora nach 25 Jahren mit
senfgelber Fassade auch äußerlich
knallrot. In dem 1888 als Theater erbauten Haus traten einst Showstars
wie Hans Albers und Zarah Leander vor
großem Publikum auf. Nach Zwischen-
stationen als Kino und Kaufhaus ist es
seit 1989 ein autonomes Kulturzentrum. Damals wollte ein Investor darin
ein Musicaltheater eröffnen, Anwohner befürchteten eine Kommerzialisierung des Viertels und besetzten das
Gebäude. Die Schanze wurde seitdem
trotzdem teurer, die Flora aber gibt es
immer noch in Selbstverwaltung. Sie
beherbergt das Dub-Café, eine Fahr-
rad-Selbsthilfewerkstatt, eine vegane
»Volxküche« und ist ein beliebter Ort
für Konzerte. Die Rote Flora hat parallel zur offiziellen auch eine autonome
Adresse: Achidi-John-Platz 1, benannt
nach einem 19-Jährigen, der 2001 in
Hamburger Polizeigewahrsam starb.
Im Park hinter der Roten Flora gibt
es einen betreuten Kinderspielplatz,

den Flora-Skatepark und die 20 Meter
hohe Kletterwand »Kilimanschanzo« an
einem mit Graffiti besprühten Hochbunker.

**Achidi-John-Platz 1 oder Schulterblatt
71 • www.rote-flora.de**

 Kilimanschanzo 20 Meter hohe
Kletterwand im Flora-Park zwischen
Schulterblatt und Lippmannstraße.
Während der Saison gibt es Kletter-
kurse, Veranstaltungen und jeden
Sonntag und Donnerstag offenes
Klettern für alle. Kilimanschanzo
e.V., Tel. 040/25 485 429,
www.kilimanschanzo.de

 Cycle Point Langjähriger Fahrradladen, der auch schnelle Repara-
turen erledigt. Schanzenstr. 3, Tel.
040/43 43 05, www.cycle-point.de

 Wir folgen dem Schulterblatt in
Richtung Süden. Gegenüber von
Hausnummer 29 biegen wir links
in eine gepflasterte Toreinfahrt
und fahren auf verwinkeltem Pfad
durch die miteinander verbun-
denen Hinterhöfe zur Schanzenstraße. Hier am besten schieben.

*Oben: In der Schanze spielt
sich das Leben draußen ab – viele
Cafes laden zum Verweilen ein*

*Unten: Öko-Wochenmarkt am
Schulterblatt vor der Roten Flora*

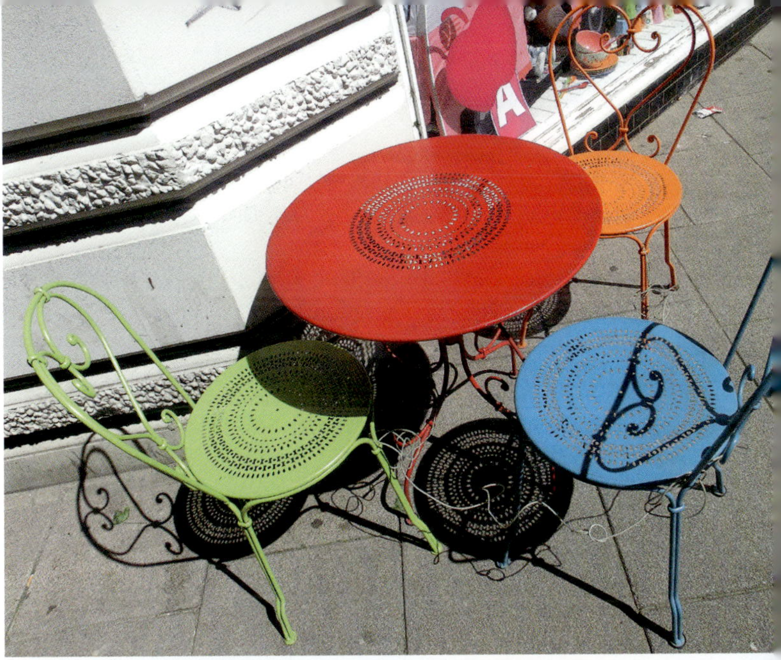

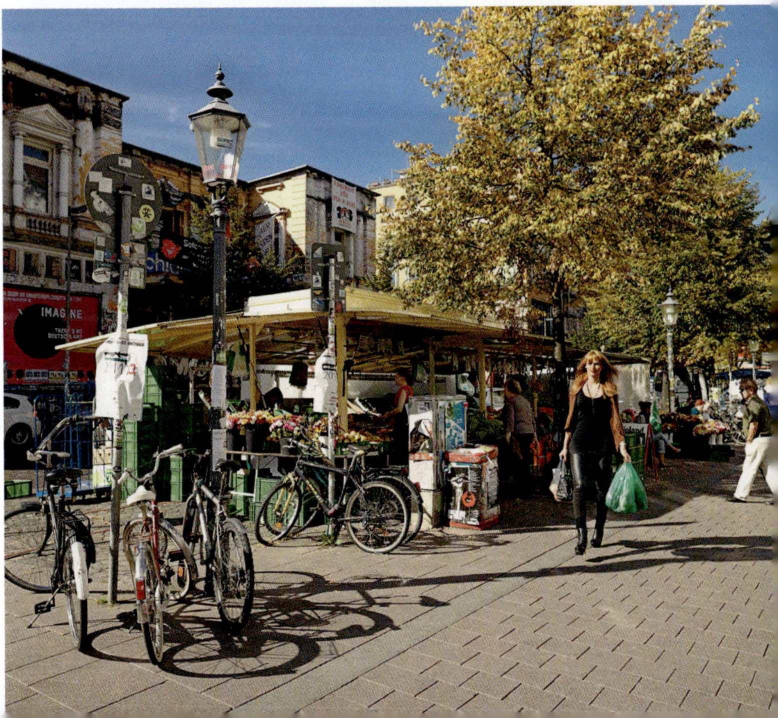
IMAGINE

An der Schanzenstraße führt ein großes Tor aus dem Labyrinth hinaus. Wir fahren rechts zum Neuen Pferdemarkt und nach St. Pauli hinein.

Neuer Pferdemarkt und Grüner Jäger

Beim Neuen Pferdemarkt endet zwar das Schanzenviertel, nicht jedoch die Partymeile. Im 19. Jahrhundert verlief an dieser Stelle die Grenze zur dänischen Stadt Altona. Heute zieht sich besonders an Wochenenden eine Art Ameisenstraße von Pistengängern vom Schulterblatt zum Kiez. Das Dreieck vom Schulterblatt zum Neuen Pferdemarkt und Grünen Jäger gehört zu den Highlights der Strecke. Besonders um den Park beim Grünen Jäger haben sich beliebte Restaurants und Bars angesiedelt, denn dank einer verkehrsberuhigten Sackgasse kann man im Sommer entspannt draußen sitzen oder tanzen. Manchmal finden auch spontan Konzerte auf der Straße statt.

 Zoe II+III Sofabar Die äußerst beliebte Renaissance der ersten Zoe-Bar mit Stuck-Säulen und Dutzenden antiquierter Sofas. Neuer Pferdemarkt 17 & 19, www.zoebar.de

 Nil Genial schlicht eingerichtetes Restaurant mit erlesener Karte und Zutaten von regionalen Bio-Höfen. Neuer Pferdemarkt 5, Tel. 040/ 439 78 23, www.restaurant-nil.de

St. Pauli

Wer in Hamburg vom »Kiez« spricht, meint die Reeperbahn auf St. Pauli. Der einst berüchtigte Bezirk ist spätestens Anfang der 1990er-Jahre salonfähig geworden. Früher waren Seemänner die einzigen Touristen, heute kommen alle, die Hamburgs vermeintlich verruchte Seite erleben wollen. Sexshops in buntem Neonlicht ergänzen sich mit Clubs, Bars und Szene-Kneipen. Das »Reeperbahn Festival« mit Epizentrum auf dem Spielbudenplatz ist seit 2009 ein hochkarätiges Highlight auf St. Pauli. Was oft vergessen wird: St. Pauli ist auch ein Wohnviertel – u. a. eines mit hoher Fahrradladen-Dichte. Kein Wunder, denn der Drang nach

Karibik-Feeling an der Elbe inklusive schrägem Retro-Look gibt's stilecht im Beach Club Strand Pauli

Freiheit und Selbstbestimmung abseits einheitlicher Norm hat hier Tradition. Radfahren als Ausdruck von Unabhängigkeit ist nebenbei praktisch in St. Paulis engen Sträßchen. Und so gibt es mehrere Läden, in denen Unikate nach Wunsch maßgefertigt werden.

An den Landungsbrücken können Hamburg-Fans ihre Treue besiegeln

 KunstKiosk Kunst-Shop und kleine Galerie mit monatlich wechselnden Ausstellungen. Paul-Roosen-Str. 5, Tel. 040/37 42 95 22, www.kunstkiosk-hamburg.de

 Speiche Der freundliche Fahrradladen von nebenan. Bleicherstr. 17, Tel. 0176/20 05 34 53, Mo 15–18, Di, Do, Fr 11–13 und 15–18, Sa 12–14 Uhr

 Suicycle Von Fahrradkurieren geführter Radladen mit Passion für Punk. Wohlwillstr. 12, Tel. 040/866 86 28-1 (Verkauf) und 040/866 86 28-3 (Werkstatt), suicycle-store.com

 Nach der Kreuzung Stresemannstraße fahren wir Beim Grünen Jäger die Wohlwillstraße entlang, biegen rechts in die Otzenstraße und radeln zur Friedenskirche. Von dort geht's Am Brunnenhof bergab zur Paul-Roosen-Straße, die in die Clemens-Schulz-Straße übergeht. An deren Ende fahren wir rechts ein Stück die Budapester Straße entlang, überqueren die Kreuzung bei der U-Bahn St. Pauli nach links und kommen zum Erzählmuseum im Torhäuschen.

Museum für Hamburgische Geschichtchen

Willkommen auf dem grünen Sofa! Im Erzählmuseum kann jede/r mitmachen, der etwas über Hamburg erzählen oder Kurioses erfahren will. Die klassizistische Millerntorwache mit den dekorativen Säulen, letzter Rest eines ehemaligen Stadttores, wurde 2013 zum interaktiven Wohnzimmer umfunktioniert. Darin dreht sich alles um lokale mündliche Überlieferung: Ob Anekdote, Liebeskummer, Familienchronik oder auch nur »'n büsch'n Tüünkram« (hamburgisch für: Flunkergeschichte) – hier kann jeder zum

Besten geben, was ihm zu Hamburg einfällt. Unter den Fittichen der Alfred Toepfer-Stiftung F.V.S. und des Museums für Hamburgische Geschichte wird im Erzählmuseum alles zu einem Teil Hamburger Erinnerungen. Auf Wunsch wird das Erzählte zum Mitnehmen mitgeschnitten oder auf der Webseite des Museums veröffentlicht (vorherige Anmeldung erbeten).

Dort, wo alles begann: Der Beatles-Platz erstrahlt besonders bei Nacht

Millerntordamm 2 • www.millerntorwache.org • Tel. 040/33402 16

 east Duftes Designhotel, nach Feng-Shui-Maßstäben gestaltet. Das Restaurant verführt mit euroasiatischer Küche. Simon-von-Utrecht-Str. 31, Tel. 040/30 99 30, www.east-hamburg.de

 Wir fahren zurück über die Kreuzung Budapester Straße und biegen parallel zur Reeperbahn links in die Simon-von-Utrecht-Straße ein. Achtung, der Autoverkehr in dieser Einbahnstraße ist zügig! Gen Ende der Straße biegen wir links ab in die Große Freiheit.

Große Freiheit und Beatles-Platz

In dieser Nebenstraße der Reeperbahn wurden 1962 im »Star Club« die Beatles berühmt. Vorher spielten sie im »Indra« und im »Kaiserkeller«, ebenfalls Musikclubs in der Großen Freiheit. Damit das niemand vergisst, hat Hamburg den Beatles 2008 am Anfang der Großen Freiheit ein stählernes Denkmal gesetzt: den Beatles-Platz. Hier stimmen die vier Musiker – bei Nacht beleuchtet und auch als Silhouetten unverkennbar – in rostfreiem Metall auf den Schwerpunkt der Großen Freiheit ein, die heute mehr für Musik als für Sex bekannt ist. Clubs, die in den 1970er-Jahren mit Live-Sex-Shows für den berüchtigten Ruf der Reeperbahn und Großen Freiheit sorgten, sind rar geworden. Geblieben sind Peep Shows, Table Dance und viele Musikclubs mit internationalen Künstlern. Der Name »Große Freiheit« der damals dem dänischen Altona zugehörigen Straße geht zurück auf die Religions- und Wirtschaftsfreiheit, die im 17. Jahrhundert hier herrschte. Der Dokumentarfilm »Fremde Heimat« von 2010 erzählt von Hamburgs »Chinatown«, das in den 1920er-Jahren rund um die Große Freiheit angesiedelt war.

 St. Joseph Die barocke katholische Kirche von 1721 wurde nach fast völliger Zerstörung im Zweiten Weltkrieg 1955 wieder aufgebaut. Sie bildet einen kuriosen Kontrast zu den angrenzenden Nachtclubs. Große Freiheit 43, Tel. 040/31 49 19, www.st-joseph-altona.de

 Das Kölibri am Hein-Köllisch-Platz 11–12 ist eine Institution in St. Pauli: Kunst-Ausstellungen, Küchenkonzerte, Kurse, Kinderprogramm und vieles mehr finden vor Ort und auch digital statt: www.koelibri-kuechen konzert.de, www.gwa-stpauli.de

 Indra »Hier spielten die Beatles zuerst«, lautet der Untertitel des Clubs Indra. Nach wie vor beliebt für gute Konzerte, im Sommer mit Biergarten. Große Freiheit 64, Tel. 040/31 81 46 17, www.indra-musikclub.com; Mi–So 21 Uhr bis open end

 Beim Beatles-Platz folgen wir der Reeperbahn nach links. St. Pauli lebt in seinen kleinen Nebenstraßen – deshalb biegen wir vor dem Spielbudenplatz links in die Hein-Hoyer-Straße, fahren dann rechts in die Seilerstraße und halten uns anschließend wieder rechts, um zurück zu Reeperbahn und Spielbudenplatz zu kommen.

Reeperbahn und Spielbudenplatz

Sex ist nicht alles – nein, auf der Reeperbahn geht es um Unterhaltung auf ganzer Linie. Operettenhaus, Panoptikum, Theater aller Größenordnungen und Karaoke-Bars zeugen vom Amüsierwillen auch jenseits von Nacktheit. Der Spielbudenplatz ist die Keimzelle des Vergnügens auf der Reeperbahn: Schon als auf der Straße noch Schiffstaue geflochten wurden, etablierten sich Ende des 19. Jahrhunderts die ersten Bars und Kneipen. Der »Hamburger Berg«, später umgetauft in St. Pauli, gehörte damals zur Hamburger Vorstadt, denn er lag vor dem Millerntor, also vor einem der Hamburger Stadttore. Unchristliche Vergnügungen und trunkene Seeleute auf Landgang wurden lieber aus der ordentlichen Bürgerstadt ausgelagert, deshalb etablierte sich früh ein Vergnügungsviertel vor der Stadt. 2006 komplett neu gestal-

tet, ist der Spielbudenplatz heute eine Freiluftbühne für Veranstaltungen aller Art, vom Nachtmarkt bis zum »Reeperbahn Festival«.

»Reeperbahn Festival«

Seit 2006 gibt es das größte Clubfestival in Deutschland. Zentrum des »Reeperbahn Festivals« ist der Spielbudenplatz auf St. Pauli. Tickets gibt es für einen oder für bis zu vier Tage. Mit einem Ticket können alle Konzerte in mehr als 70 Clubs in St. Pauli und in der Schanze besucht werden. Neben Partys und Konzerten sind auch Orte für Neue Kunst dabei. Für das Musikbusiness hat sich das »Reeperbahn Festival« zu einem wichtigen Treffpunkt entwickelt. Ein Schwerpunkt liegt auf Newcomern. Zudem gibt es seit 2015 jeweils ein Gastland, das besonders viele Bands präsentiert.

Kein »Knick in der Optik«: die Tanzenden Türme auf der Reeperbahn

www.reeperbahnfestival.com

 Clouds Von der teuflisch scharfen Meile direkt in himmlische Gefilde: »Heaven's Nest« nennt sich das Edel-Restaurant in der 23. Etage der Tanzenden Türme. Mit Dresscode und Dachterrasse. Reeperbahn 1, Tel. 040/30 99 32 80, www.clouds-hamburg.de; Mo–So 10–19 Uhr

 St. Pauli-Nachtmarkt Lebensmittel & Live-Musik gibt's auf dem späten Wochenmarkt jeden Mi von 16–21 Uhr am Spielbudenplatz; www.spielbudenplatz.eu/erleben/events/st-pauli-nachtmarkt

 Wir biegen links ab in die David straße. An der Ecke steht die Davidwache, Hamburgs meistgefilmte Polizeiwache. Wenige Meter weiter finden wir das St.-Pauli-Museum, das über die Geschichte des Stadtteils informiert. Die Herbertstraße, Gasse der Sexarbeiterinnen, ist schlecht befahrbar. Wir radeln stattdessen im Bogen durch Friedrich-, Balduin- und Erichstraße, überqueren das ehemalige Astra-Brauerei-Gelände und gelangen durch die Bernhard-Nocht-Straße bergab via Davidstraße zur St. Pauli-Hafenstraße.

St. Pauli-Hafenstraße

Durch Straßenschlachten wurde die Hafenstraße berühmt und berüchtigt. Die im Jahr 1981 leer stehenden Häuser sollten abgerissen und durch kommerzielle Neubauten ersetzt werden. Als Bürger die Gebäude daraufhin besetzten und in Eigeninitiative bewohnbar machten, begann ein bis dahin beispielloses Kräftemessen zwischen Stadtverwaltung und alternativer Szene. Auch der Kult um den Fußballclub FC St. Pauli begann Mitte der 1980er-Jahre im Zusammenhang mit den Hausbesetzungen der Hafenstraße. FC-St.-Pauli-Fans und Bewohner der Hafenstraße wollten einer Kommerzialisierung des Viertels entgegenwirken – dies oft unter trotzigem Einsatz von Leib und Leben. Nicht zufällig wurde 1987 die erste Totenkopf-Flagge im damals eben-

falls sanierungsbedürftigen Millerntorstadion gehisst. Der Kampfgeist zweier Szenen verband sich zum »piratischen« Lebensgefühl von St. Pauli. Dank eines Einlenkens der SPD und der Hausbewohner kam es nach Umwegen doch noch zum Kaufvertrag über die zwölf Häuser. Seitdem wohnt es sich ruhiger in der Hafenstraße. Die Geschichte der Hafenstraße ist ausführlich dokumentiert im Archiv der Roten Flora.

 Nochtspeicher Literatur, Konzerte und Tanz gibt's im Kulturzentrum und Club Nochtspeicher. Mit Bar im Gewölbekeller. Bernhard-Nocht-Str. 69a, Tel. 040/33 39 88 69, www.nochtspeicher.de

St. Pauli-Fischmarkt

Jeden Sonntag, ganz früh morgens, wird ein Stück Elb-Promenade zur Bühne: Im Sommer ab fünf, im Winter ab sieben Uhr erwacht der St. Pauli-Fischmarkt zum Leben. Der bekannte Markt hat Tradition seit 1703 und ist ein Muss für Hamburg-Besucher. Auch Einheimische kommen gern hierher, denn nirgends werden Kiwis, Bananen und alles, was kurz zuvor an Fisch ins Netz ging, so günstig, frisch und unterhaltsam verkauft. Daneben gibt's Pflanzen, Kleidung und Souvenirs. Während der Marktzeiten sind

Mehr als nur Fußball: Der FC St. Pauli hat nicht nur für seine Fans Kultstatus

Fahrräder auf dem Fischmarkt nicht erlaubt, dazu ist es zu voll. Außerhalb der Marktzeit ist der St. Pauli-Fischmarkt eine schöne Straße am Hafen, auf der es sich gut radeln lässt. Gegenüber dem Fähranleger steht die historische Fischauktionshalle mit ihren kunstvoll verzierten Fenstern.

 Wir fahren die Hafenstraße entlang bis zum Fischmarkt und machen dann kehrt, um auf der Promenade entlang der Elbe zu den St. Pauli-Landungsbrücken zu radeln. Dabei kommen wir am Beach Club »StrandPauli« sowie am Eingang des Alten Elbtunnels vorbei. An der U- und S-Bahnstation »Landungsbrücken« endet unsere Tour mit Blick über den Hafen.

St. Pauli-Landungsbrücken

An den Landungsbrücken herrscht immer Gedränge. Der Turm des Schiffsanlegers ist weithin sichtbar und ein beliebter Treffpunkt für Touristen. Zum Jahreswechsel wird hier Silvester am lautesten gefeiert. Den Rest des Jahres sind die Landungsbrücken Ausgangspunkt für Hafenrundfahrten und

Musical-Besuche und daneben ein Ort teurer Fischbrötchen. Der Eingang zum Alten Elbtunnel (s. Tour 7) befindet sich an der Westseite. Bei schlechtem Wetter kann man den Hafenblick auch von der U-Bahn aus genießen: Die Linie U3 fährt von den »Landungsbrücken« über »Baumwall« bis »Rödingsmarkt« oberhalb des Hafens entlang und garantiert vom Fenster aus einen guten Blick.

 Frau Hedi Für charmante Hafenrundfahrten mit DJ, Partys und Konzerten empfiehlt sich die schwimmende Club-Barkasse »Hedi« (legt abends stündlich ab). Landungsbrücken 10, Tel. 040/42 10 28 23, www.frauhedi.de

 StrandPauli St. Paulis Beachclub mit Hafenblick. Hier kann man die Zehen im warmen Sand vergraben, Caipis trinken und Schiffe beobachten – auch im Winter! St.-Pauli-Hafenstr. 89, www.strandpauli.de; Apr–Sept Mo–Do 11–23, Fr, Sa u. vor Feiertagen 11–0, So 10–23 Uhr, Okt.–März Do, Fr 18–24, Sa 11–24, So 10 Uhr bis open end

 Theater im Hafen Hamburg Der »König der Löwen« im Hamburger Hafen ist seit Jahren ein Dauerbrenner. Schon die Anfahrt mit der Fähre über die Elbe ist ein kleines Erlebnis! Norderelbstr. 6, Tel. 040/42 10 00 00

Herzstücke von St. Pauli

• Auf dem **Hamburger DOM** gibt es das leckerste Schmalzgebäck. Der Jahrmarkt findet dreimal im Jahr für 30 Tage auf dem Heiligengeistfeld statt und ist mit bis zu zehn Mio. Besuchern das größte Volksfest in Norddeutschland. In vergangenen Jahrhunderten versammelten sich frierende Schausteller und Gaukler weit bescheidener um den Marien-Dom und unterhielten die Leute auf dem dortigen Markt. Der Name für die seitdem gewachsene Schaustellerversammlung blieb erhalten: der DOM. Jährlich sind auf dem DOM neue Superlative von Fahrgeschäften und das selbst ernannte größte Riesenrad der Welt vertreten. Fahrräder sind auf dem DOM nicht erlaubt. Im Rahmen von COVID 19-Schutzmaßnahmen ist das Besuchen des DOMs mit Online-Voranmeldung möglich. Jeden Freitag um 23 Uhr gibt es ein buntes Feuerwerk, um das Wochenende willkommen zu heißen.

• Eine Institution auf dem Spielbudenplatz ist das plüschige **Schmidt-Theater**. Zeitgleich mit dem Club »Docks« eröffnete es 1988 als Bühne für Kleinkunst und Stücke mit lokalem Bezug auf dem Spielbudenplatz. Die kleine Bühne »Schmidt's Tivoli« mit dem Nachtclub »Angie's Nightclub« folgte drei Jahre darauf. Mitgründer Corny Littmann war sieben Jahre Präsident des FC St. Pauli.

• Der **FC St. Pauli** ist mehr als nur ein lokaler Fußballclub – er verkörpert für seine Fans ein Lebensgefühl. Im Millerntorstadion am Heiligengeistfeld finden regelmäßig Heimspiele des FC St. Pauli statt, bei denen die Begeisterungsrufe von bis zu 20 000 Fans meilenweit hörbar sind. Die lokalen Projekte »Viva con Agua« und »Kiezhelden« sowie ein eigenes Lifestyle-Magazin sind Teil der Kult-Marke »St. Pauli« mit dem Totenkopf-Symbol.

DER HAMBURGER WESTEN

Das blaue Band der Elbe ist die beste Orientierung im Hamburger Westen. Entlang des Flussufers reihen sich landschaftliche und kulturelle Perlen. Lange Sandstrände laden zum Verweilen ein und auch Angeln und Baden in der Elbe machen wieder Spaß, denn seit den 1980er-Jahren ist das Wasser viel sauberer geworden.

Hamburgs Wahrzeichen, der Hafen, ist nirgendwo besser sicht- und spürbar als im Hamburger Westen, wo in der Elbe die Fahrrinne für internationale Frachtschiffe verläuft. Ob Containerschiffe, Tanker, Segelboote oder Jachten – auf diesem Weg fahren sie in die Stadt und wieder hinaus. Begrüßt werden alle großen Schiffe am Willkomm-Höft in Wedel.

Bevor man nach Wedel oder Blankenese kommt, führt der Weg aus der Stadtmitte durch Altona, eine ehemals eigene Stadt unter dänischer Flagge und damals Hamburgs größte Konkurrenz im Fischhandel. Heute ist Altona ein Teil von Hamburg, hat sich aber sein eigenes Flair bewahrt. Innerhalb des großen Gebiets ist das dörfliche Ottensen das quirligste Viertel Altonas. Ottensen ist mit Kopfsteinpflaster, engen Fußwegen und vielen Einbahnstraßen eine Herausforderung für Radfahrer. Doch dafür gibt es hier auch besonders viel zu entdecken – und spätestens wenn man die lange gerade Strecke an der Elbe entlangfährt, ist alle Mühsal vergessen.

Charakteristisch für den Hamburger Westen sind auch die weitläufigen Villengebiete in den Elbvororten Nienstedten, Othmarschen und Blankenese mit seinem malerischen Treppenviertel. Die Millionärs- und Prominentendichte ist in den teuersten Wohnvierteln höher als an anderen Orten in Hamburg. Aber auch Hochhaussiedlungen der 1960er-Jahre wie der Osdorfer Born, Iserbrook und Lurup kennzeichnen den Westen Hamburgs.

Internationale Schiffsflaggen vor dem
Schulauer Fährhaus am Willkomm-Höft

1 Km

Wedeler Chaussee

Lehmweg

Altonaer Chaussee

SCHEN

Pinneberger Str.

Pinneberger Str.

Tour 4: Von Altona zum Willkomm-Höft
Sonniger Promenadenweg an der Elbe

Ausgangspunkt: Bahnhof Altona
Endpunkt: S-Bahnhof Wedel
Weglänge: 18,5 km

Jüvensteen Weg

Sandmoor Weg

Blankeneser Chaussee

Ernst-Barlach-Museum

SÜLLDORF

Schenefelder Landstr.

(S) Wedel
(E)

431

Sülldorf (S)

Wassermühle

Sülldorfer Brookweg

431

WEDEL

Tinsdaler Weg

Kohlhagen

Industriestr.

Tinsdaler Heideweg

Rissener Landstr.

Waldpark Marienhöhe

Iserbrook (S)

28°
Strandbad Wedel

Elbstr.

4

BLANKENESE

Waldpark Falkenstein

Römischer Garten

Blankeneser Landstr.

Blankenese (S)

Schulauer Fährhaus & Willkomm-Höft

Campingplatz Elbecamp

Lütt Falkenstein Am Ufer

Bistro Treppenkrämer

Strandweg

Hirsch-park

Neßsand

Strandhotel Blankenese

HAHNÖFER-SAND

Elbe

Hinterbark

FINKENWE AIRPOF

Kohlenhusen

Hinterbark

Cranzer Hauptdeich

HOVE

Neuenfelder Hauptdeich

Neßdeich

Obstmarschenweg

Königreicher Str.

Obstmarschenweg

Marschkamper Deich

An den Alten Such

Buxtehuder Str.

Nicoper Str.

Tour 5: Von Eimsbüttel bis Niendorf

Vom beliebtesten Stadtteil zum Tierpark und ins Damwildgehege

Ausgangspunkt: U-Bahnhof Hoheluftbrücke
Endpunkt: U-Bahnhof Niendorf Markt
Weglänge: 11 km

Von Altona zum Willkomm-Höft

Diese Tour ist auch bei einheimischen Hamburgern beliebt. Ob sommers oder winters: Der Weg an der Elbe ist an sonnigen Wochenenden eine lebendige Promenade. Auf ebener Strecke fahren wir am Fluss entlang und können dabei unser Tempo mit dem von Seglern und Frachtern aus der ganzen Welt messen.

 Unsere Tour entlang der Elbe beginnt am Bahnhof Altona. Wir fahren nach Süden in Richtung Elbe und treffen schon auf den ersten Metern auf Herzstücke des ehemals dänischen Altona. Auf dem Platz der Republik zeigt der Stuhlmannbrunnen zwei Zentauren im Kampf mit einem Fisch – eine Anspielung auf die jahrelange Rivalität um wirtschaftliche Vorherrschaft Hamburgs und Altonas. Wenige Meter weiter sehen wir das Altonaer Museum und das Altonaer Theater, danach geht's geradeaus zum Altonaer Rathaus.

Altonaer Museum

Man fühlt sich wie in Urgroßmutters Küche, wenn man in einer der Bauernstuben des Altonaer Museums steht.

Ganze 17 norddeutsche Bauernstuben aus dem 18. und 19. Jahrhundert gibt es im Museum. Auch ein 1970er-Jahre-Krämerladen und eine Apotheke aus dem 18. Jahrhundert sind im Original begehbar. Die Entwicklung Altonas ist der Schwerpunkt der Dauerausstellung im Altonaer Museum. Damit verbunden sind auch Schifffahrt und Fischerei, repräsentiert durch eine große Gemäldesammlung, handgeschnitzte Galionsfiguren und detaillierte Schiffsmodelle. Daneben gibt es regelmäßig wechselnde Sonderausstellungen. Eine Außenstelle des Altonaer Museums ist das Jenisch-Haus (s. u.).

Museumsstr. 23 • geöffnet täglich außer Mo 10–17 Uhr

 Altonaer Theater Literatur auf der Bühne – das Altonaer Theater macht aus Buchvorlagen eigene

Theaterstücke. Museumsstr. 17, Tel. 040/39 90 58 70, www.altonaer-theater.de

 Radsport Cyclefactory Großer Laden für Markenrennräder und Rad-Service. Max-Brauer-Allee 36, Tel. 040/38 08 65 33, www.cycle factory.de; Mo–Fr 10–19, Sa 10–18 Uhr

Altonaer Rathaus

Vom Bahnhof zum Rathaus: Das schneeweiße Altonaer Rathaus hat eine bewegte Geschichte. 1844 als Bahnhofsgebäude der Altona-Kiel-Linie gebaut, war das Rathaus zunächst 54 Jahre Zentrum des Zugverkehrs in Altona. Doch dann musste ein größerer Bahnhof her – an die Stelle, wo heute der Bahnhof Altona steht. So wurde der ehemalige Bahnhof ab 1898 umgebaut zur Stadtverwaltung Altonas. 1937 wurde Altona zu einem Teil Hamburgs, der Name des Altonaer Rathauses blieb jedoch erhalten. Es dient heute als Bezirks- und Standesamt und ist eines der lebendigsten Verwaltungsgebäude: Im Sommer findet im Innenhof ein Open-Air-Kino statt. Auch Konzerte im Rahmen des Stadtfests »Altonale« und Kunstausstellungen gibt es dort.

Platz der Republik 1 • Tel. 040/42 82 80 • www.hamburg.de/rathaus-altona

 Fahrradselbsthilfe Die Motte Fahrradreparatur auf Spendenbasis und viele weitere Angebote in Ottensens Kulturzentrum. Eulenstr. 43, Tel. 040/39 92 62-61, www.diemotte. de; Mi 17–20 Uhr

 Aurel Sehr beliebte und gemütliche Café-Bar an zentralem Platz. Bahrenfelder Str. 157, Tel. 040/390 27 27; Mo 10.30–2.30, Di–Do 10.30–3, Fr, Sa 10.30–5, So 10.30–1 Uhr

 Laundrette Bar, Café und Waschsalon in einem – praktisch, stylisch und originell. Ottenser Hauptstr. 56, Tel. 040/63 73 36 00, www. laundrette.de; So–Do 10–23, Fr, Sa 10–0 Uhr

 Wir überqueren die Straßenkreuzung hinter dem Altonaer Rathaus und gelangen zum Altonaer Balkon. Hier lohnt eine Pause mit

Rundum eine Augenweide: das Altonaer Rathaus

Panoramablick über den Hamburger Hafen.

Altonaer Balkon

Für einen Balkon hat er eine luxuriöse Größe: 27 Meter über der Elbe thront die breite Wiese mit Aussicht namens Altonaer Balkon. Von hier sieht man links den Containerhafen, geradeaus die Köhlbrandbrücke, ein- oder auslaufende Schiffe und Werften und rechts Elbwasser bis zum Horizont. Als Hintergrundmotiv für Hochzeitspaare ist das Parkstück besonders beliebt – wo sonst gibt es in der Nähe eines Standesamts einen so schönen Blick auf die Hafensilhouette? Romantisch ist es auf dem Altonaer Balkon in jedem Fall, denn hier kann man die schönsten Sonnenuntergänge am Elbufer erleben.

Wir fahren zurück über die Kreuzung, vorbei am Altonaer Rathaus und radeln links zuerst am Ottenser Marktplatz, dann die Rothestraße entlang. Im Labyrinth von Ottensen lassen sich viele Cafés, Läden und Fahrradwerkstätten entdecken.

Ottensen

Ein Dorf in der Stadt – das ist und bleibt seit 1864 das quirlige Ottensen mit seinen verschachtelten Straßen, winzigen Hinterhöfen und den vielen Kopfsteinpflaster-Wegen. Im 19. Jahrhundert war Ottensen ein Industriestandort mit hoher Luftverschmutzung. Wer hier lebte, lief Gefahr, an Tuberkulose (den »Motten«) zu erkranken. Daran erinnern Straßennamen wie die Mottenburger Twiete oder das Stadtteilzentrum »Die Motte e. V.«. Ottensen ist heute ein Teil des Bezirks Altona. In der Fußgängerzone der Ottenser Hauptstraße steht seit 1992 das »Mercado«. Der Bau des Einkaufszentrums war umstritten, denn seit 1666 befand sich auf dem Gelände der Jüdische Friedhof Ottensen, der von den Nazis vor dem Zweiten Weltkrieg zerstört worden war. Im »Mercado« erinnern Gedenktafeln an dessen Geschichte.

www.hamburg.de/ottensen

Ottensens enge Straßen haben sich ihren ganz eigenen Charakter bewahrt

's Fachl In jedem Fach ein kleines Juwel: Liebevoll von Hand gemachtes und Besonderes zum Behalten oder Verschenken. Bahrenfelder Str. 79, Mo–Sa 10–19 Uhr, www.fachl.at

 Heimat Spezielle Hamburg-Souvenirs und Design-Stücke. Große Brunnenstr. 70, Tel. 0162/ 1900980

Zeisehallen

Kulturzentren gibt es in Ottensen besonders viele – neben der Fabrik sind die Zeisehallen die zweite ehemalige Industrieanlage, die zum Kulturzentrum umfunktioniert wurde. In der ehemaligen Schiffsschraubenfabrik liegt der Schwerpunkt auf Film und Medien. Neben den Zeisekinos sitzen die Filmschule Hamburg, Medienfirmen und ein Filminstitut der Universität Hamburg, daneben gibt's hier auch viele Restaurants und Geschäfte. Gleich nebenan ist das Filmhaus, Sitz diverser Filmfirmen, in dessen Räumen Seminare und Fortbildungen rund ums Thema Film stattfinden.

Friedensallee 7

 Filmhauskneipe Gemütliches Café mit Biergarten im Filmhaus. Serviert wird Hausmannskost – und köstliche Crème brulée! Friedensallee 7, Tel. 040/39908025, www.filmhauskneipe.de; täglich 12–1 Uhr

 Durch die Nöltingstraße kommen wir zum Alma-Wartenberg-Platz. Dort ist gut Kaffee trinken mit Blick auf Ottensen. Danach geht's links durch die Bergiusstraße zur Großen Brunnenstraße und zum Donners-Park. Wir durchqueren den Park, tragen die Räder wenige Stufen hinunter und fahren an der Elbe entlang zum Museumshafen Oevelgönne und nach Oevelgönne.

Museumshafen Oevelgönne e. V.

Maritime Geschichte lässt sich am besten auf dem Wasser erleben. Gut, dass das Mitfahren auf einem der Ausstellungsstücke im Museumshafen Oevelgönne zu bestimmten Terminen möglich ist! Der Museumshafen liegt direkt am Fähranleger Neumühlen. Dort fällt zuerst das kleine historische Wartehäuschen »Döns« auf. Im Museumshafen selbst liegen mehr als zwei Dutzend Dampfschiffe, Fischereiboote und alte Hafenkräne, dokumentiert mit ihrer jeweiligen Geschichte. Alle Schiffe sind noch fahrtüchtig, sogar der älteste Segler »Katharina« von 1889. Interessante Führungen bietet der Verein Museumshafen Oevelgönne e.V. an. Auf der Museumsfähre »Bergedorf« lädt ein Restaurant-Café zur Rast ein. Im Sommer startet vom Museumshafen die Traditionsschiff-Parade, bei der Dutzende historischer Schiffe zwischen Teufelsbrück und der Elbphilharmonie kreuzen.

**Ponton Neumühlen • Tel. 040/
41 91 27 61 • www.museumshafen-oevelgoenne.de**

 Strandperle Die Kult-Strandbar am Ufer der Elbe – mit leckeren warmen Brezeln, kühlen Drinks und Elbblick samt Hafenkränen. Oevelgönne 60, www.strandperle-hamburg.de; Mo–Fr 10–22, Sa, So 9–22 Uhr

 Ahoi Strandkiosk Direkte Konkurrenz neben der »Strandperle«.

Das Feuerschiff »Elbe 3« ist der Star im Museumshafen Oevelgönne

Das verträgt sich, denn dank guter Aussicht und lässigem Ambiente sind beide Strandbars superbeliebt. Oevelgönne 60, Tel. 040/880 11 12, www.strandkiosk-hamburg.de; täglich 8–18.30 Uhr

Oevelgönne

Die pittoresken Kapitäns- und Lotsenhäuser in Oevelgönne mit ihren niedrigen Türen sind z.T. mehrere Hundert Jahre alt und noch immer bewohnt. Vor den Häusern mit ihren ornamentierten Erkern und Glasveranden verläuft ein schmaler Fußweg – Radfahren ist dort nicht erlaubt. Die zugehörigen Hausgärten liegen hinter Hecken auf der anderen Seite des Fußwegs. Viele Häuser der historischen Wohnsiedlung stehen unter Denkmalschutz. In Oevelgönne hat der Beruf des Lotsen lange Tradition: Viele der hier ansässigen Fischer arbeiteten bereits seit dem 16. Jahrhundert nebenbei als Lotsen und geleiteten ortsfremde Schiffe aus tückischem Fahrwasser sicher in die offene See. 1745 gründeten Oevelgönner Lotsen im Alten Lotsenhaus die Berufsgenossenschaft ihres Standes, die Lotsenbrüderschaft.

 **Zum Alten Lotsenhaus** Das Gründungshaus der Oevelgönner

Lotsenbruderschaft von 1745. Seit 1801 ist es ein Gasthaus und damit eines der ältesten in Hamburg. Mit Strandbar! Oevelgönne 13, Tel. 040/8800196, www.zum-alten-lotsenhaus.de; Mo–Fr ab 13, Sa, So ab 12 Uhr

 Alter Schwede Der »Alte Schwede« ist ein 217 t schwerer Findling. Er wurde während der Eiszeit mit einem Gletscher von Schweden nach Oevelgönne transportiert. Seit er 1999 aus der Elbe geborgen wurde, ist der Granitblock ein bekannter Treffpunkt und bei Kletter-Fans als Übungsfels beliebt.

 Nach dem Museumshafen Oevelgönne schieben wir links unsere Fahrräder an pittoresken Oevelgönner Häuschen vorbei. Nach einem scharfen Knick nach links gelangen wir ans Hans-Leip-Ufer und können rechts weiterfahren – oder am Strand picknicken. Schließlich gelangen wir zum Zufluss der Flottbek in die Elbe und damit zum Südeingang des Jenischparks.

Jenischpark und Jenisch-Haus

Der Jenischpark ist der Rest eines ehemaligen Musterguts des Barons Caspar Voght, gebaut nach englischem Vorbild.

Einst imposante Sommervilla, heute Museum: das Jenisch-Haus

Die »heitere Ruhe und frohe Gemütlichkeit« des Flottbektals sollte sich in der Landschaftsarchitektur der Parkanlage spiegeln. 1828 kaufte der Senator Martin Jenisch jr. den Park, der in Folge nach ihm benannt wurde. Schon damals war der private Park der Öffentlichkeit zur Erholung zugänglich. Das Jenisch-Haus im nördlichen Teil des Parks wurde 1831, zu Lebzeiten des Parkgründers Voght, als Sommervilla des neuen Parkbesitzers Jenisch gebaut. Anfang des 20. Jahrhunderts nutzte es die Stadt Altona als Gästehaus. Seit 1955 gehört es zum Altonaer Museum. Das kulinarisch und ästhetisch empfehlenswerte Museumscafé befindet sich im ehemaligen Billardzimmer des Senators Martin Johann Jenisch.

Baron-Voght-Str. 50 • Tel. 040/828790 • www.shmh.de/de/jenisch-haus

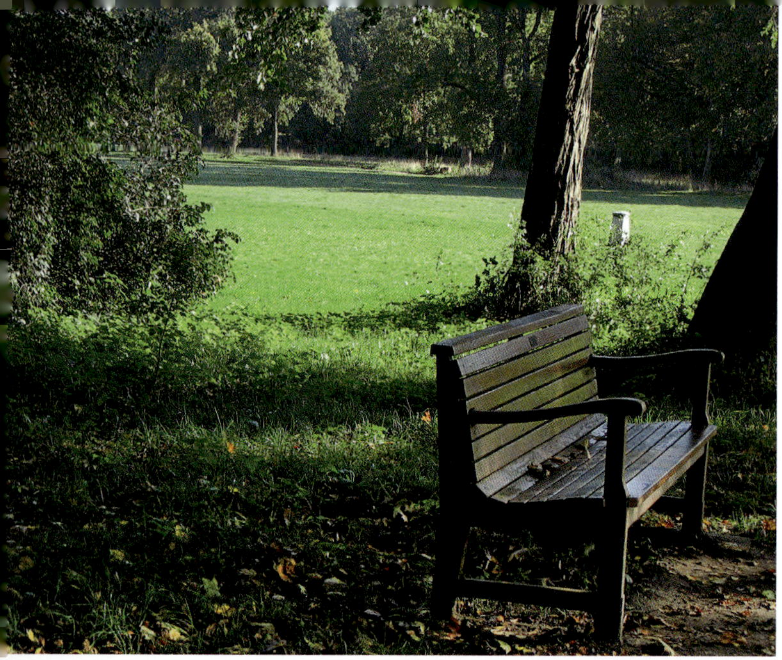

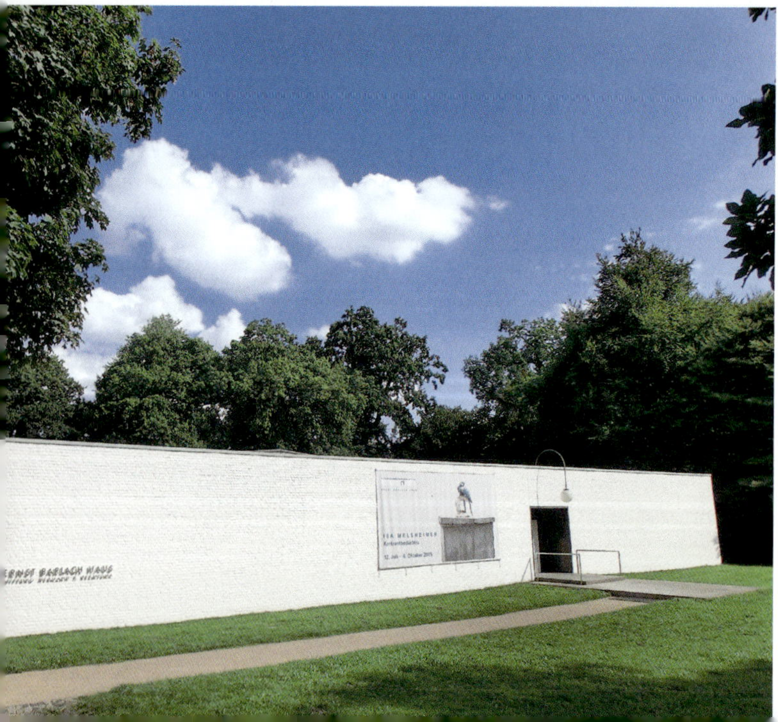
BARLACH HAUS

Ernst-Barlach-Haus & Bargheer Museum

Nicht weit vom Jenisch-Haus gibt es ein weiteres Museum: das schlichte Ernst-Barlach-Haus. Es zeigt seit 1962 viele Holzskulpturen sowie 150 Zeichnungen des Bildhauers, Zeichners und Schriftstellers Ernst Barlach. Viele seiner Skulpturen befassen sich ausdrucksvoll mit Fragen nach Frieden und sozialer Gerechtigkeit. Ergänzend zum Werk finden regelmäßig Sonderausstellungen statt. Das Konzert- und Theaterprogramm »Klang & FORM« der Hochschule für Musik und Theater bietet im Ernst-Barlach-Haus eine anspruchsvolle Plattform für Nachwuchskünstler. Das Bargheer Museum ist das jüngste der drei Museen im Jenischpark: Ein Haus voller farbenprächtiger Bilder des Hamburger Malers Eduard Bargheer, mit Weitblick über die Elbe nach Finkenwerder.

Ernst Barlach Haus, Baron Voght Straße 50a, Tel.040/82 60 85, www.ernst-barlach-haus.de; Di–So (an Feiertagen auch Mo) 11–18 Uhr.

Oben: Im wunderschönen Jenischpark an der Elbe lässt sich mit Blick aufs Wasser gut rasten

Unten: Außen reduziert, innen versiert: das Ernst-Barlach-Haus

Bargheer Museum, Hochrad 75, Tel. 040/89 80 70 97, www.bargheer-museum.de; Di–So 11–18 Uhr

 Nach der Runde durch den großen Jenischpark kommen wir zurück zum Südausgang und überqueren dort die Elbchaussee am Zebrastreifen. Weiter geht's rechterhand zum Fähranleger Teufelsbrück.

Teufelsbrück

Der Teufel mag einem an diesem malerischen Fleck als Letztes in den Sinn kommen. Weshalb also Teufelsbrück? Zur Entstehung des Namens gibt es mehrere Varianten. Eine alte Hamburger Sage erzählt, dass ein junger Handwerker den Auftrag bekam, an dieser Stelle eine Brücke über die Flottbek zu bauen. Jedoch soll die Brücke immer wieder eingestürzt sein, da der Untergrund zu sumpfig war und es dem armen Handwerker partout nicht gelang, tragfähigen Boden zu finden. Da sah der listige Teufel die Chance für einen Pakt gekommen: Er bot dem Brückenbauer an, sicheren Grund zu schaffen und dafür die Seele des ersten

Geschöpfs zu bekommen, das die Brücke überquerte. Der Handwerker schlug ein, baute die Brücke – und der Erste, der darüber hoppelte, war ein Hase. Der Teufel fuhr daraufhin zornig in den Sumpf. Seitdem soll es an dieser Stelle stinken ... Dem ist zum Glück nicht so, aber eine Statue des Teufels mit seinem Hasen erinnert noch immer an die Legende. Eine andere Variante besagt, dass es neben der Brücke über die Flottbek noch eine zweite gab. Da wurde aus der »dövelten«, der Doppelten, im Lauf der Zeit die »Düvelsbrück«. Welche Namensherkunft auch stimmen mag, Teufelsbrück ist in Hamburg ein fester Begriff und ein beliebtes Ausflugsziel.

Am Blankeneser Strand kann man den Urlaub in der Stadt genießen

 Restaurant Engel Schwimmendes Restaurant am Fähranleger mit anspruchsvoll-norddeutscher Küche. Fähranleger Teufelsbrück, Tel. 040/ 82 41 87, www.restaurant-engel.de; Mo-Fr 12-22, Sa, So 10-22 Uhr

 Parallel zur Elbchaussee fahren wir einfach immer weiter geradeaus bis nach Blankenese.

Strandweg Blankenese

In guten und in schlechten Zeiten eine von der Elbe verwöhnte Straße – bei Sonne und normalem Wasserstand fährt man mit Auto und Rad gern direkt am Strand entlang; bei viel Flut stehen schon mal Parkplätze unter Wasser. Als Autostraße führt der Strandweg vom Strandhotel bis zum Falkensteiner Ufer. Restaurants, Cafés und Bootsparkplätze reihen sich wie Perlen auf einer Kette entlang der Straße. Vom Strandweg aus ist das Heck des Schiffswracks »Uwe« zu sehen, das 1975 nach einem Zusammenstoß an dieser Stelle sank. Vom Strandweg zu Fuß ein Stück hinauf ins Treppenviertel gibt es immer wieder überraschende Ausblicke auf die Elbe und Einblicke in malerische Vorgärten.

 Treppenkrämer Bistro Am besten zu Fuß zu erreichen. Die paar Schritte hinauf ins Treppenviertel zum urigen Café mit köstlichen Kuchen lohnen sich! Hans-Lange-Str. 23, Tel. 040/86628481; Fr, Sa 14-18, So 11-18 Uhr

Strandhotel Blankenese
Schneeweißes Märchenschloss – und hervorragendes Designhotel. Blankeneser Strandweg 13, Tel. 040/86 13 44, www.strandhotel-blankenese.de

Der Strandweg Blankenese wird zum Falkensteiner Ufer. Vorbei an Rückhaltebecken der Hamburger Wasserwerke geht es zum Campingplatz »Elbecamp«, einer alternativen Oase mit guter Einkehrmöglichkeit. Danach fahren wir links am Rissener Ufer und auf einem schmalen Strandweg weiter.

Falkensteiner Ufer

Das Falkensteiner Ufer ist wildromantisch: Dichter Wald an den Hängen begrenzt das Elbufer und reicht an manchen Stellen bis zum Strand. Hier kann man auf Baumwurzeln sitzen und die Elbe vorbeifließen sehen. Der Siebenweg, ein Falkensteiner Wanderweg mit 15 Prozent Gefälle, wird gern von Radrennfahrern als Trainingsstrecke genutzt. Wer günstig in Blankenese wohnen möchte, nutzt den Campingplatz »Elbecamp« als lauschigen Sommerwohnsitz mit Badestrand. Eine steile Treppe führt vor dem Wasserwerk am Falkensteiner Ufer den Hang hinauf zum Römischen Garten. Der Architekturgarten war zu Anfang des 20. Jahrhunderts eine Freilicht-Theaterbühne der Bankiersfamilie Warburg. 1951 vermachte sie ihn der Stadt Hamburg; seitdem ist er öffentlich zugänglich. .

Lütt Falkenstein am Ufer Café zwischen Wald und Strand an lauschigem Platz. Falkensteiner Ufer 54, Tel. 040/866 30 23, www.luettfalkenstein.de; Mo–So von 11 Uhr bis eine Stunde nach Sonnenuntergang (bei Schietwetter ab 14 Uhr)

Campingplatz Elbecamp Zeltplatz mit Biergarten unter schattigen Bäumen und viel Strand. Das indische Dhal ist köstlich! Falkensteiner Ufer 101, Tel. 040/81 29 49, www.elbecamp.de

Am Heizkraftwerk Wedel führt kein Weg vorbei. Wir tragen die Räder einige Stufen hinauf und umrunden es. Dann fahren wir durch Wedel zum Willkomm-Höft.

Schiffsbegrüßungsanlage Willkomm-Höft

Seit 1952 tönt es laut von Wedel herüber: Wenn der Begrüßungskapitän vom Willkomm-Höft feierlich die Nationalhymne der ein- und auslaufenden Frachtschiffe spielt, lauschen Anwohner und Touristen. Von

vormittags um 11 Uhr bis zum Sonnenuntergang wird seit mehr als 60 Jahren jedes ein- und auslaufende Schiff
begrüßt und verabschiedet. Im Lauf der
Jahre waren es schon mehrere Hundert-
tausend Frachter. Das Willkomm-Höft
liegt recht kurz vor dem Hamburger
Hafen. Es wird täglich im Durchschnitt
von mehr als 50 Schiffen passiert. Als
voll salutfähig gelten für die Wedeler Begrüßungscrew »dicke Pötte« auf
Überseefahrt mit einer Großtonnage
von mehr als 1000. Kleinere Schiffe
werden optisch durch ein Dippen der
Flagge begrüßt. Wer Details zu den
Schiffen haben möchte, kann sich die
Willkomm-Höft-Schiffsbegrüßung
auch als App aufs Handy installieren.

www.schulauer-faehrhaus.de/will
komm-hoeft-schiffsbegrusungsanlage

 Schulauer Fährhaus Restaurant
und Café des Willkomm-Höft – seit
2012 ganz neu mit schnuckligem
Kaminzimmer und Showküche.
Parnaßstr. 29, Tel. 04103/92000,
www.schulauer-faehrhaus.de;
Mo–So 11.30–22, Frühstücksbuffet
So und feiertags 9.30–11.30 Uhr

 28Grad Strandbad Wedel
Beachclub mit Elbblick auf Höhe des
Willkomm-Höfts. Hakendamm 2,
Tel. 040/2285848 20, www.28grad.
com; geöffnet bei schönem Wetter
Mo–Do 15–21, Fr 15–22, Sa 12–22,
So 12–21 Uhr

 Vom Willkomm-Höft folgen wir
zunächst nach links der Schulauer
Straße. Die Abzweigung Strand-
baddamm nach links führt zum
Strandbad Wedel. Danach geht
es weiter die Schulauer Straße
entlang, die zur Austraße wird.
Bei der Mühlenstraße biegen
wir rechts ab und kommen zum
Ernst-Barlach-Museum. Von dort
geht es ein kurzes Stück geradeaus zur Wedeler Au, wo uns
zum Abschluss ein Eiscafé oder
gegenüber ein Restaurant zur
Einkehr laden, bevor die Tour wenige Meter weiter am S-Bahnhof
»Wedel« endet.

Ernst-Barlach-Museum Wedel

Gen Abschluss dieser Tour kommen wir
nun auch zum Geburtshaus des Malers
Ernst Barlach. Neben dem Werk Ernst
Barlachs werden dort auch Arbeiten
überregionaler Künstler, Sammlungen
und internationale Kunst in wechselnden Sonderausstellungen gezeigt. Die
Ernst-Barlach-Gesellschaft in Wedel
betreibt ein weiteres Museum in Rat-
zeburg, wo der Künstler ab seinem
siebten Lebensjahr aufwuchs.

**Mühlenstr. 1 • Tel. 04103/91 82 91
• www.ernst-barlach.de • Mo–So
11–18 Uhr**

Unter und über Wasser – am besten ohne Rad

• Westlich des Altonaer Balkons gähnt halb versteckt unterhalb der Kaistraße am Elbhang ein vergittertes schwarzes Loch. Was verbirgt sich dahinter? Der **Schellfischtunnel**, ein Überbleibsel der Altonaer Hafenbahn von 1870. In der Blütezeit Altonas als Zentrum der deutschen Fischindustrie verband der Tunnel Hafenanlagen und Bahnhof. Noch vor seinem großen Nachbarn Hamburg hatte der Hafen Altonas einen direkten Eisenbahnanschluss bekommen, denn frische Ware musste rasch den Elbberg hinauf und auf Güterzüge transportiert werden. Der wegen des häufigen Fischtransports auch »Schellfischtunnel« genannte Bau wurde noch gelegentlich bis 1992 genutzt, doch für Fisch hatten sich längst moderne Transportwege etabliert. Heute ist der stockdustere Tunnel halb vergessen. Einsturzgefahr droht zwar nicht mehr, doch der Zutritt außerhalb offizieller Besichtigungen ist verboten. Führungen durch den »Schellfischtunnel« bietet der Verein Hamburger Unterwelten e. V. an (www.hamburgerunterwelten.de).

• Vom Süllberg bis zum Strandweg erstreckt sich oberhalb der Elbe das pittoreske **Blankeneser Treppenviertel**. Für Radler sind die 5000 Treppenstufen des Viertels auch per Mountainbike eine Herausforderung, aber wenn man das Rad stehen lässt und sich zu Fuß umsieht, lassen sich wunderschöne Winkel entdecken – spätestens im Blankeneser Treppenviertel wirkt Hamburg nämlich wie ein idyllisches Dorf.

Von Eimsbüttel bis Niendorf

Diese Tour führt durch einen der begehrtesten Stadtteile Hamburgs. Eimsbüttel zeichnet sich im Gegensatz zum nahen Eppendorf durch eine beliebte Mischung aus zentraler Lage, vielen Altbauten und niedrigeren Mieten aus. Von der Gründerzeit-Kulisse Eimsbüttels führt der Weg über Hagenbecks Tierpark in Stellingen bis zum Niendorfer Gehege.

Eimsbüttel

Eimsbüttel ist heute ein dicht besiedelter Stadtteil Hamburgs. Dabei fing es ganz bescheiden an: Im Jahr 1339 setzte sich »Eymersbuttele« aus nur drei Bauernhöfen zusammen und ging nicht einmal als Dorf durch. Erst 350 Jahre später erreichte der Flecken mit weiteren Höfen und einer Schule eine bescheidene Dorfgröße. Als erstes Gasthaus in Eimsbüttel eröffnete 1784 der »Heußhof«, an den heute die Einkaufsstraße Heußweg erinnert. Ende des 18. Jahrhunderts wurde der kleine Ort Eimsbüttel mit seinen Grünflächen und Gaststätten ein Ausflugsziel vor den Toren Hamburgs und um die vorletzte Jahrhundertwende zum Stadtteil Hamburgs. Die Beliebtheit des Bezirks ist seit jeher ungebrochen – in Eimsbüttel ist es fast so schick wie in Eppendorf, ruhiger und grüner als im Schanzenviertel und das Flair ist ebenso alternativ.

Eimsbüttels Parks sind die grüne Lunge des großen Bezirks

 Die Tour beginnt am U-Bahnhof »Hoheluftbrücke« in Eimsbüttel. Von hier fahren wir rechts zum Grindelberg und zur Parkanlage um die Grindelhochhäuser.

Grindelhochhäuser

Die Lokalpresse sprach beim Bau der Grindelhochhäuser von »Hamburgs Manhattan«. Die ersten Hochhäuser Hamburgs wurden kurz nach dem Zweiten Weltkrieg von britischen Besatzungstruppen gebaut und waren ursprünglich für britische Verwaltungsangestellte gedacht. Der Plan von Hamburg als Zentrum der britischen Besatzungszone wurde jedoch umgedacht und die Wohnungen in den Grindelhochhäusern von Hamburgern bezogen. Die Architektur der zwölf Quader war für das Baujahr 1946 futuristisch und wirkt bis heute zeitlos modern. Ihre zentrale Lage mit dem umgebenden Park macht das Wohnen in den Grindelhochhäusern beliebt. In einem davon am Grindelberg ist das Bezirksamt Eimsbüttel mit seinen denkmalgeschützten Paternoster-Aufzügen untergebracht – die Fahrt in den offenen Fahrkörben ist immer wieder ein kleines Abenteuer.

Unterwegs mit Kind und Kegel? Alles kommt mit im schicken Cargobike

träger. Mit Reparaturservice. Kleiner Schäferkamp 12, Tel. 040/36 16 13 51, www.ahoi-velo.de; Mo, Di 14–18, Mi–Fr 12–18, Sa 10–16 Uhr

 Vom Grindelberg biegen wir rechts ab zur Straße Beim Schlump. Wir fahren weiter geradeaus, vorbei an der U-Bahn Schlump, bis wir an der Grenze zum Schanzenviertel nach rechts abbiegen in die Weidenallee.

 Maharani Außen nüchterne Architektur, innen indische Delikatessen in plüschig-üppigem Ambiente. Ein seit Jahren beliebtes Restaurant in den Grindelhochhäusern. Hallerstraße 1; Mo–Fr 11.30–0, Sa, So 12–0 Uhr

 Ahoi Velo Cargobikes Verkauft und verleiht ausgefallene Transpor-

Weidenallee

Diese kleine Straße ist der perfekte Mix aus Schanze und Eimsbüttel. Die Weidenallee hat sich zur schicken Shoppingstrecke nördlich des Schanzenviertels entwickelt. Wer des Schulterblatts müde ist, kann in der Weidenallee einen Cappuccino trinken und danach in charmanten Läden

Nützliches kaufen – oder Dinge, die man nicht braucht.

 Hotel Boritzka Gemütliches Hotel in kleiner Stadtvilla, mitten in Eimsbüttel. Zur Sternschanze ist's auch nicht weit. Schäferkampsallee 67, Tel. 040/44 85 82, www.hotel-boritzka.de

 Café 53 Schönes Art-Déco-Café & Bistro mit selbst gebackenen Kuchen, Tartes und Quiches. Weidenallee. 53, Tel. 040/63 73 11 22, www.cafe53.de; Mo 10–18, Mi–So 10–18 Uhr

 Über die große Kreuzung geht es geradeaus weiter bis zum Kaiser-Friedrich-Ufer, kurz »Kaifu«. Wir fahren am Uferstreifen entlang, bis er die Osterstraße kreuzt, und biegen dort links auf diese ab.

Das Kaifu-Ufer hat einen der schönsten Radwege in Eimsbüttel

Kaiser-Friedrich-Ufer

Einer der schönsten Eimsbüttler Fahrradwege ist der Weg am Kaiser-Friedrich-Ufer entlang. Die offizielle Bezeichnung Kaiser-Friedrich-Ufer benutzen hauptsächlich Behörden, alle anderen sagen liebevoll »Kaifu«. Der Grünstreifen des Kaifu verläuft direkt am Isebek-Kanal von der Hoheluftbrücke bis zur Christuskirche. Entlang des Kaifu trägt vieles dessen Namen: das altehrwürdige Kaifu-Gymnasium, das Kaifu-Schwimmbad, die Kaifu-Lodge, die Kaifu-Eisdiele, die Reha am Kaifu ... Unweit des Kaifu-Gymnasiums erinnert ein kreisrundes Mahnmal an den Platz der Bücherverbrennung: Am 15. Mai 1933 vernichteten hier nationalsozialistische Studenten Bücher u. a. von Bertolt Brecht, Heinrich Heine, Carl Zuckmayer und Sigmund Freud. Deren Titel und die Namen der Autoren sind heute in rote Marmorblöcke graviert. Jedes Jahr am 15. Mai wird an dieser Stelle des Kaifu eine Lesung ehemals verbotener Texte veranstaltet.

Kaifu Hallen- und Freibad

Das Kaifu-Bad ist Hamburgs ältestes Hallen- und Freibad. 1895 wurde es als Hallenbad für Männer mit 60 öffentlichen Badewannen-Zellen eröffnet. Männer durften damals 30 Minuten, Frauen 45 Minuten baden. Diese Zeiten sind lange vorbei und heute gibt es kein Zeitlimit mehr fürs Badevergnügen. Im Sommer laden die große Wiese rund um vier Außenschwimmbecken und bequeme Liegestühle zum Loungen in der Sonne ein. Das Kaifu-Bad hat mehrere Saunen, ein Dampfbad und einen Kälteraum voller klirrender Eiswürfel. Die Sauna ist auch zugänglich vom Fitness-Studio Kaifu-Lodge nebenan. Jüngst wurde das Backsteingebäude des Kaifu-Bads saniert und ist nun von innen wie von außen ein optischer Genuss. Seit 2016 gibt's dort eine große neue Sole-Therme mit Himalaya-Salzstein-Sauna, in der Dampf und mildes Salzwasser in Kombination mit Klang- und Lichtspielen zur Entspannung einladen.

Beliebter Badetempel mit luxuriöser Sole-Therme: das Kaifu-Bad

Hohe Weide 15 • Tel. 040/18 88 90, www.baederland.de • Mo–Fr 9–24, Sa, So 10–23 Uhr

 Kaifu Lodge Schickes Fitness-Studio mit unterschiedlichsten Kursen von Air Yoga bis Zumba sowie einem verlockend großen Massage-Angebot. Bundesstr. 107, Tel. 040/40 12 81, www.kaifu-lodge.de; Mo–Fr 7–23, Sa, So 8–22, an Feiertagen ab 8 Uhr

 Eimsbüttler Fahrradladen Große Auswahl an Fahrrädern und Ersatzteilen, neu und gebraucht. Mit öffentlichem Luft-Service. Osterstr. 13, Tel. 040/49 30 61, www.eimsbuettler-fahrradladen.de; Mo 14–19, Di–Fr 10–19, Sa 10–15 Uhr

 Am nördlichen Ende der Osterstraße folgen wir dem Straßenverlauf nach rechts und sehen bald links eine Kirche mit blauen Zwiebeltürmchen. Wir folgen der Julius-Vosseler-Straße und fahren dann links auf der Brücke über die U-Bahn-Gleise in den Eimsbütteler Sportpark. An dessen Ende überqueren wir die Koppelstraße und kommen zur Lokstedter Grenzstraße. Dort erwartet uns Hagenbecks Tierpark.

Tierpark Hagenbeck

Hamburgs einziger Tierpark ist in privater Hand und wird bis heute von der Familie Hagenbeck geführt. Vor dem Eingangsbereich steht eine Giraffen-Skulptur des Künstlers Stephan Balkenhol, der viele Skulpturen im öffentlichen Raum Hamburgs kreierte. Der Eingang des Tierparks Hagenbeck wurde 2003 umgestaltet: Ein nepalesischer Pagoden-Tempel samt Teichanlage schmückt seitdem den Zugang zum Zoo. Die Anfänge des Tierparks liegen im 19. Jahrhundert: Bis 1874 befand sich »Carl Hagenbecks Handlungs-Menagerie« am Spielbudenplatz; dann zog sie um zum Neuen Pferdemarkt und wurde zu »Hagenbecks Thierpark«. 1907 eröffnete der Zoo vor den damaligen Toren Hamburgs an seinem heutigen Platz. Mehr als 1850 Tiere leben heute in den Freigehegen; der jüngste Neubau ist seit 2012 das begehbare »Eismeer«. Der Besuch im 25 Hektar großen Zoo dauert eine Weile, also genug Zeit einplanen. Jeden Sonntag finden offene Führungen durch die fahrradfreie Parkanlage statt.

Lokstedter Grenzstr. 2 • Tel. 040/ 53 00 33-0 • www.hagenbeck.de • Tierpark und Aquarium täglich ab

Ein Stück Himalaya in Hamburg: original nepalesische Pagode am Eingang von Hagenbecks Tierpark

9 Uhr geöffnet, die saisonal variierenden Schließzeiten sind auf der Homepage ersichtlich.

 Lindner Park-Hotel Hagenbeck
Vier-Sterne-Themenhotel direkt bei Hagenbecks Tierpark. Hagenbeckstr. 150, Tel. 040/80 08 08 100, www.lindner.de/hamburg-park-hotel-hagenbeck/ankommen.html

 Russische Kirche des Hl. Prokop
Versteckt hinter hohen Tannen, wirkt die denkmalgeschützte Kirche von 1961 doppelt bezaubernd, sobald man sie entdeckt hat. Benannt ist sie nach einem Händler aus Lübeck, der zum russisch-orthodoxen Glauben übertrat und sein Vermögen den Armen gab. Gottesdienste in slawischer Sprache, an jedem 1. So im Monat auch auf Deutsch. Hagenbeckstr. 10, Tel. 040/40 40 60, www.prokopij.de

 Die Lokstedter Grenzstraße geht geradeaus über in den Deelwisch, den wir nach Norden entlangradeln. Wir überqueren den Kollau-Wanderweg, radeln über eine kleine Holzbrücke über die Kollau und kommen durch eine Kleingartenanlage zum Waldrand beim Niendorfer Gehege. Dort halten wir uns rechts am Waldrand und fahren geradeaus auf einem Waldweg bis zum Wildgehege.

Niendorfer Gehege

Im ausgedehnten Waldgebiet des Niendorfer Geheges hatte schon Schauspieler Til Schweiger einst eine Wald-Villa. Beliebt besonders bei Kindern ist das eingezäunte Wildgehege, in dem sich manchmal Damwild beobachten lässt. Ein kleiner Ponyhof bietet Reitstunden an. Im Osten des Waldgebiets liegen nicht weit entfernt die U-Bahnstation »Niendorf Markt« sowie die Shopping-Zone »Tibarg«.

 Ponyhof Niendorf Ponyreiten für Kinder vor wunderschöner Wald-Kulisse. Daneben im Waldcafé Corell gibt's leckeren Kuchen. Auch im Winter geöffnet. Niendorfer Gehege 50, Tel. 040/58 23 41, www.ponyhof-waldschaenke.de; Di–Fr 14–17.30, Sa, So, Feiertage 10–17.30 Uhr, HH-Schulferien

Im Niendorfer Gehege gibt's auf Naturpfaden Spannendes zu entdecken

11–17.30 Uhr. Bei extremer Wetterlage vorher anrufen und Öffnungszeit erfragen!

 Am Wildgehege entlang fahren wir auf geradem Weg zur Straße Niendorfer Gehege und zu Café und Ponyhof. Dann radeln wir zunächst auf der Straße Niendorfer Gehege zurück. Nach Überquerung der Straße Bondenwald geht es auf einem Waldweg weiter zur Rundkirche am Markt. Von dort aus überqueren wir die Kreuzung an der Kollaustraße und kommen geradeaus direkt auf die lange Fußgängerzone »Tibarg« zu. Mitten am Tibarg endet unsere Tour an der U-Bahnstation »Niendorf Markt«.

Kirche am Markt

Die evangelische Kirche von 1770 ist der »Star« Niendorfs und neben dem »Michel« die bedeutendste Barockkirche in Hamburg. Mit ihrem achteckigen Grundriss umgangssprachlich auch »Rundkirche« genannt, überrascht innen ein frei stehender Altar aus Marmor mit einem schwebenden Taufengel, der per Handkurbel bewegt werden kann. Absolut sehenswert!

Niendorfer Marktplatz 3a • Tel. 040/58 11 71 • www.kirche-in-niendorf.de

Kino, Kunst und Kurioses

- Kunst im Untergrund: Im **Kottwitzkeller** findet jährlich im Spätsommer eine Kunstausstellung statt. Seit 1996 ist die von Nachbarn organisierte Ausstellung für alle offen. Willkommen ist jede Form von Kunst, von Malerei bis Theater und von Installationen bis zur Performance. Vom Keller hat sich die Veranstaltung ausgedehnt auf Balkons, Gärten und Wohnzimmer in der Nachbarschaft. Das Projekt hat mittlerweile viele Hamburger Sponsoren und lebt von der wachsenden Begeisterung aller Beteiligten (www.kottwitzkeller.de).

- Ein kostbares Relikt unter Hamburgs Programmkinos ist das **Holi Kino** an der Schlankreye. Das kleine, feine Filmtheater von 1951 beherbergt im großen Saal einen wahren Schatz: einen mit Pailletten bestickten Vorhang mit Hamburg-Motiven, der unter Denkmalschutz steht. Prädikat: wertvoll!

- Regelmäßig, meist jeden letzten Sonntag im Monat, findet der Flohmarkt am **Else–Rauch–Platz** statt. Der Anwohnerflohmarkt hat den Ruf, einer der umschlagsstärksten Plätze unter Hamburgs Flohmärkten zu sein. Das mag auch an der günstigen Lage nahe der »Villa am Park« und weiterer Cafés im Umkreis liegen. Auf dem Flohmarkt finden sich immer originelle Schnäppchen. Daneben kann man in entspannter Atmosphäre plauschen oder einfach nur Kaffee trinken und genießen.

DER HAMBURGER NORDEN

Parks, Flüsse und Kaufmannsvillen: So sehen große Teile des Hamburger Nordens aus. Der Alsterwanderweg, aber auch das Eppendorfer Moor und der Friedhof Ohlsdorf machen das Radfahren gen Norden zum entspannten Vergnügen.

Viel Grün und natürlich der Alsterlauf sind charakteristisch für Hamburgs Norden. Dabei gibt es unterschiedliche Landschaftstypen zu entdecken: Der Stadtpark nördlich der Alster ist die drittgrößte Grünfläche Hamburgs. Etwas weiter nordwestlich findet man im Eppendorfer Moor den Rest eines ehemaligen Hochmoors mit typischen Bruchbirken und großer Artenvielfalt. Eine reine Kulturlandschaft ist der Friedhof Ohlsdorf, der viel Raum in Hamburgs Norden einnimmt. Aufgrund der Größe des Areals hat sich eine beachtliche Artenvielfalt entwickelt. Was in der Stadt sonst keinen Platz findet, lebt auf dem Friedhof, wie z.B. Fledermäuse und seltene Schmetterlinge.

Nordwestlich vom Friedhof Ohlsdorf befindet sich Hamburgs Flughafen Fuhlsbüttel, mit der S-Bahn sehr gut erreichbar. Ein Highlight im Norden ist Hamburgs berühmter Zoo, der Tierpark Hagenbeck. Hier dreht der Norddeutsche Rundfunk (NDR) regelmäßig Sendungen mit Szenen aus Hamburgs Tierleben.

Als offizieller Teil des Norddeutschen Jakobswegs ist der Alsterwanderweg ausgewiesen, der von der Innenstadt bis weit in Hamburgs Norden führt und dabei der Alster nicht von der Seite weicht.

*Die Statue »Die Trauernde«
steht am Fußweg der
Cordesallee auf dem
Ohlsdorfer Friedhof*

Tour 6: Am Alsterlauf entlang

Ein Hochmoor, der größte Friedhof Europas und viel Wald

Ausgangspunkt:
U–Bahnhof Lattenkamp
Endpunkt: S-Bahnhof
Poppenbüttel
Weglänge: 15 km

Am Alsterlauf entlang

Geduldig schlängelt sich der Weg am Alsterlauf in unzähligen Windungen hinauf bis zur Quelle vor der nördlichen Stadtgrenze. Wir folgen ihm ein Stück und sehen dabei Reste eines Hochmoors, den größten Friedhof Europas, viel Wald – und sind dabei immer noch im Hamburger Stadtgebiet.

Der Alsterlauf

Die Alster bildet nicht nur den zentralen See in Hamburgs Mitte, sondern ist davor auch ein langer, ruhiger Fluss. Die Quelle des gestauten Gewässers liegt bei Henstedt-Ulzburg, ungefähr 25 Kilometer hinter Hamburgs nördlicher Stadtgrenze. Insgesamt ist der Alsterfluss 56 Kilometer lang, wovon der Alsterwanderweg 37 Kilometer abdeckt. Der z. T. geschützte Grünstreifen verläuft von

der Stadtgrenze bis in die Innenstadt, überquert manchmal Straßen und Ampeln, unterläuft sie jedoch auch oft. So gelangt man fast ungestört von Stadtteil zu Stadtteil. Eines der beliebtesten Wandergebiete in Hamburg ist das Naturschutzgebiet Alstertal mit dem nördlichen Teil des Alsterwanderwegs.

 Die Tour startet an der U-Bahnstation »Lattenkamp«. Von hier aus überqueren wir auf der Meenkwiesen-Brücke zum ersten Mal die Alster und fahren geradeaus zum Eppendorfer Mühlenteich, den wir nach rechts entlangfahren.

Eppendorfer Mühlenteich

Gegenüber dem Hayns Park liegt der idyllische Mühlenteich. Dieses Gewässer gehört nicht zur Alster, sondern ist ein gestauter Seitenarm des Nebenflusses Tarpenbek, der wenige Meter weiter in die Alster fließt. Am Rand des Teichs

Der Alsterwanderweg ist ein Stück des Norddeutschen Jakobswegs

Kleines Naturparadies mitten in der Stadt: das Eppendorfer Moor

queren wir die große Kreuzung und befinden uns am Südeingang des Eppendorfer Moors. Wir fahren den langen Weg geradeaus bis zur Abzweigung nach links, die uns zu Parkbänken mit Blick auf einen See bringt.

Eppendorfer Moor

Zum Radfahren oder Joggen mal kurz ins Moor – in Eppendorf geht das. Direkt neben der sechsspurigen Alsterkrugchaussee befindet sich eine stille Oase, das Naturschutzgebiet Eppendorfer Moor mit Bruchbirken, Moor, feinem Sand und klaren Seen. Das geschützte Biotop ist eine Parallelwelt mit Seltenheitswert. 641 Schmetterlings- und 320 Pflanzenarten sind im Eppendorfer Moor beheimatet. Fledermäuse, Libellen und sogar Habichte leben im Rest des ehemaligen Hochmoors. Im Mittelalter stachen die Eppendorfer im Moor ihren Torf, der als Brennstoff verwendet wurde. Im Zweiten Weltkrieg wurden im Moor viele Bäume gefällt, ebenfalls als Heizmaterial. Doch das Eppendorfer Moor wurde nie bebaut und auch nicht – wie in den 1950er-Jahren geplant – mit Trümmerschutt aufgefüllt. In trockenen Sommern sinkt der Wasserpegel sichtlich, aber das Biotop ist trotz der Veränderung der Umgebung bemerkenswert stabil. Ende 2014 wurde das

liegt eine Vogelschutzinsel, die als Brutgebiet dient. Bekannt ist der Mühlenteich seit vielen Jahren als Winterquartier der Hamburger Schwäne. Wenn es draußen kalt wird, werden sie hier vom Schwanenvater liebevoll gefüttert und gehegt. Dank mehrerer Umwälzpumpen gefriert das Wasser auf diesem Teil des Mühlenteichs nicht, was in Frostperioden auch viele andere Vögel anlockt.

 Eppendorfer Insel Schickes Bar-Restaurant unter alten Bäumen, zwischen Hayns Park und Mühlenteich. Eppendorfer Landstraße 176, Tel. 040/50 09 08 40, www.eppendorfer-insel.de; Di–Fr 16–0, Sa, So 12–0 Uhr

 Wir umrunden rechterhand den Mühlenteich und gelangen zur Alsterkrugchaussee. Hier überqueren

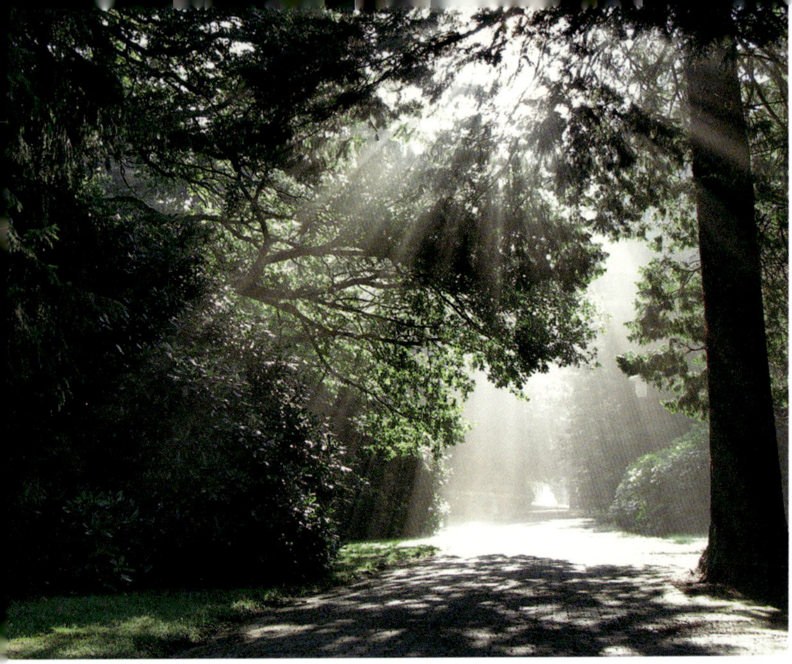

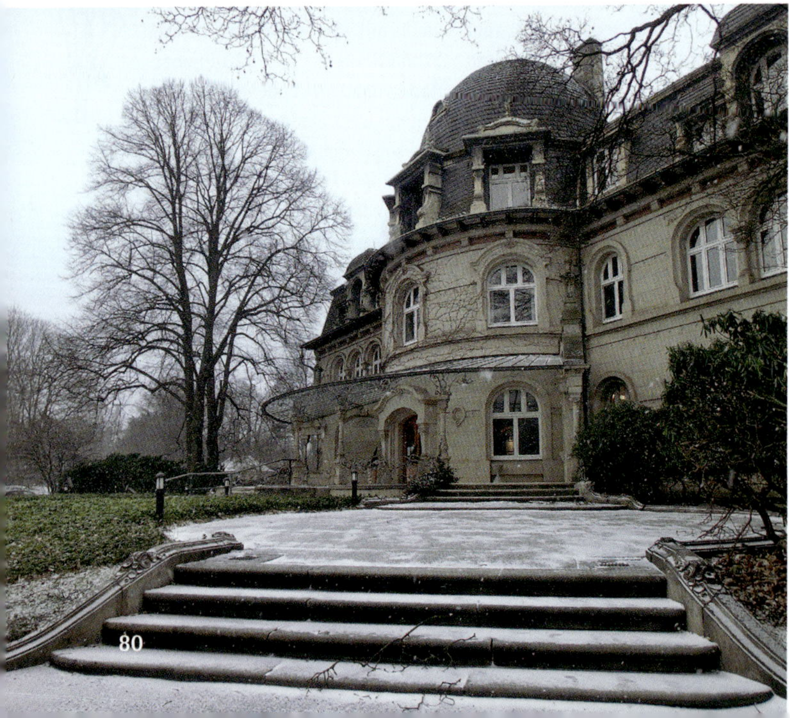

Naturschutzgebiet des Eppendorfer Moors um zwei Drittel erweitert.

 Wir verlassen das Eppendorfer Moor, kurz nachdem wir den See passiert haben, am nordwestlichen Ausgang und fahren geradeaus auf Weg Nr. 173 durch eine Kleingartenanlage. An deren Ende halten wir uns rechts und kommen zur Alsterkrugchaussee, die wir in Höhe der Carl Cohn-Straße überqueren. Nach wenigen Metern auf der Carl-Cohn-Straße zweigt links der Alsterwanderweg ab. Diesem folgen wir eine lange Strecke geradeaus, über mehrere kreuzende Straßen hinweg, bis wir an der S-Bahnstation Ohlsdorf die Gleise sowie die Fuhlsbüttler Straße überqueren und zum Haupteingang des Friedhofs Ohlsdorf kommen.

Alsterwanderweg

Wer ein Stück auf dem Jakobsweg gehen möchte, muss nicht bis Frankreich oder Spanien reisen. Auch in Hamburg pilgert es sich gut, denn der Alsterwanderweg ist offizieller Teil des

Oben: Park und Ruhestätte zugleich: Der Ohlsdorfer Friedhof ist vielseitig

Unten: Das neobarocke Friedhofs-Verwaltungsgebäude von 1909

Norddeutschen Jakobswegs. Bereits in den Alsterarkaden in Hamburgs Innenstadt und im Eppendorfer Hayns Park läuft man auf dem Alsterwanderweg direkt am Ufer des Alsterlaufs entlang. Kurz vor dem Friedhof Ohlsdorf regelt die Fuhlsbüttler Schleuse den Wasserpegel. Für Kanufahrer gibt es dort sogar eine Bootsschleppe.

 Stiftung Ohm Das Atelier des Malers August Ohm in einer Fuhlsbüttler Villa ist seit 2009 öffentlich zugänglich. Er stellt eigene surrealistische Arbeiten aus und präsentiert eine Gemälde- und eine avantgardistische Kostümsammlung. Röntgenstr. 57, Tel. 040/59 87 46, www.stiftung-ohm. de; Sa 15.30–17.30, So 11–13 Uhr sowie nach Vereinbarung

Hauptfriedhof Ohlsdorf

Seit seiner Eröffnung 1877 wartet der Parkfriedhof Ohlsdorf mit Superlativen auf. Mit 256 000 Grabstellen, fast 1,5 Millionen Beerdigungen seit Gründung und 800 Skulpturen auf vier Quadratkilometern Fläche ist der Friedhof schon in Zahlen riesig. Bei Eröffnung lag er noch weit vom Stadtzentrum entfernt – heute befindet er sich mitten im Stadtgebiet. Das

So prächtig wie eine kleine Kirche: das Riedemann-Mausoleum

Wegen radelt es sich sehr bequem. Der nördliche Grüne Ring, eine von vielen Hamburger Rad-Freizeitrouten, führt über den Friedhof Ohlsdorf. Schön ist ein Besuch dort besonders im Frühling zur Baumblüte.

 Museum Friedhof Ohlsdorf
Kleines Museum für Hamburger Grabstättenkultur (Eintritt frei). Auch virtuell kann der Friedhof Ohlsdorf erkundet werden! Fuhlsbüttler Str. 756, Tel. 040/ 50 05 33 87, www.fof-ohlsdorf.de/ video-rundgang-friedhof-hamburg-ohlsdorf

Straßennetz des Friedhofs ist 17 Kilometer lang; zwei eigene Buslinien fahren darin 22 Haltestellen an. Die Liste der Gräber bekannter Persönlichkeiten ist ebenfalls lang: Ida Ehre, Hans Albers, Gustaf Gründgens, Carl Hagenbeck und Philipp Otto Runge sind nur einige davon. Auch viele Nicht-Prominente und zahlreiche Opfer von Krieg und Gewaltherrschaft liegen hier wie die Hamburger Bombenopfer von 1943 und die nicht identifizierten Opfer der Flut von 1962. Gegenüber dem Krematorium ragt das Mahnmal der Verfolgten des Nationalsozialismus in den Himmel. Der Friedhof Ohlsdorf ist auch ein Naturraum, in dem sich eine beachtliche Artenvielfalt entwickelt hat: 48 Bienen-, 95 Vogelarten und sogar Fledermäuse gibt es hier. Auf Ohlsdorfs asphaltierten

Jüdischer Friedhof

Im Südwesten des Friedhofsgeländes Ohlsdorf befindet sich der Jüdische Friedhof von 1883. Er hat einen eigenen Eingang und ist ein vom Friedhof Ohlsdorf unabhängiger Begräbnisplatz – und der einzige jüdische Friedhof in Hamburg, auf dem heute noch Begräbnisse stattfinden. Auf elf Hektar Fläche befinden sich 18 000 Gräber, darunter 375 Grabmale zerstörter jüdischer Friedhöfe in Ottensen und im Grindelviertel, die hierher gerettet werden konnten. Der Jüdische Friedhof wurde 1943 geschlossen und mit Behelfswohnheimen für nach Bombenangriffen obdachlose Familien bebaut. Nach dem Zweiten Weltkrieg wurde der Jüdische Friedhof

in Ohlsdorf als Einziger als solcher wiedereröffnet. Ein Mahnmal gegenüber der Abdankungshalle erinnert an die Opfer des Nationalsozialismus. Davor steht eine steinerne Urne, gefüllt mit Asche und Erde aus dem Vernichtungslager Auschwitz. Auf dem Jüdischen Friedhof gibt es verschiedene Abteilungen wie die Ehrengräber für jüdische Soldaten des Ersten Weltkriegs oder die antiken Grabfelder der sephardischen Gemeinde aus Portugal.

llandkoppel 66 • Tel. 040/630 79 64, www.jfhh.org • geöffnet Mo–Fr 8–16 Uhr, So 10–16 Uhr, Sa und an jüdischen Feiertagen geschlossen

 Zur Ratsmühle Gemütlicher Biergarten direkt am Alsterufer. Mit Kanu- und Bootsverleih. Ratsmühlendamm 2, Tel. 040/50 55 54,

www.zur-ratsmühle.de; geöffnet im Sommer täglich 10 Uhr bis spätabends, im Winter Di–So 10 Uhr bis abends

 Familienbad Ohlsdorf Badelandschaft mit Wasserspielplatz, 2019 neu eröffnet und ganz in der Nähe des Alsterlaufs.

 Den Friedhof verlassen wir wieder durch den Hauptausgang und halten uns dann rechts. Nach kurzer Zeit treffen wir erneut auf den Alsterwanderweg – ein kleiner Pfad führt von der Straße hinunter, bevor man die offiziellen Stufen erreicht. Wir folgen dem Alsterlauf rechts bis zum Alstertal-Museum.

Alstertal-Museum

Schon das Gebäude des Alstertal-Museums ist historisch: Das Torhaus, ein Fachwerkgebäude, stammt aus dem Jahr 1757. Man sieht es nicht unbedingt, aber es ist sieben Jahre jünger als das gegenüberliegende Herrenhaus, als

Die Gedenkstätte Plattenhaus ist als Mahnmal wenig bekannt

dessen Zugang es einst gebaut wurde. Im Torhaus waren auch die Pferde- stallungen und Wohnungen der Landarbeiter untergebracht. Das nunmehrige Museum zeigt seit 1957 in einer Dauerausstellung Fotos, Zeichnungen und Karten aus dem Alsterraum. Darun- ter sind auch prähistorische Leihgaben des Archäologischen Museums. Weitere Schwerpunkte bieten bäuerliche Gerätschaften und Kleidungsstücke sowie die Geschichte der Lastschifffahrt. Getragen wird das Museum vom Alsterverein, der geführte Wanderungen im Alstertal, heimat- kundliche Vorträge und einen platt- deutschen Gesprächskreis anbietet. Der Eintritt ist frei.

Wellingsbüttler Weg 75a (Torhaus) • Tel. 040/53 66 79 • www.alsterverein. de • Sa, So 15–17 Uhr

 Lysander living / café Drei Generationen von Frauen führen den Interieur-Shop mit Café im Landhaus-Stil. Serviert wird lecker Hausgemachtes. Wellingsbüttler Weg 134, Tel. 040/53 00 42 98, lysander-hamburg.com, Café geöff- net Di–So 10–20 Uhr

Wellingten Familiäres Steak- Restaurant im alten Fachwerk- haus. Hier gibt es Grill-Pakete to go! Wellingsbüttler Weg 91, Tel.

040/53 62 40 2, www.wellington.de, Mo–So 12–24 Uhr

 Hotel Rosengarten Feines, privat geführtes Hotel im Alstertal. Mit 10 Zimmern und Suiten sowie hausgemachten Speisen. Poppen- büttler Landstr. 10b, Tel. 040/ 608 71 40, www.hotel-rosengarten- hamburg.de

 Nach dem Alstertal-Museum verlassen wir hinter dem Torhaus rechts und dann geradeaus kurz den Alsterwanderweg und errei- chen den Wellingsbüttler Weg. Danach wenden wir uns zurück zum Alsterwanderweg und fahren nach Poppenbüttel. Beim Alster- tal-Einkaufszentrum endet die Tour an der S-Bahnstation »Pop- penbüttel«.

Im Torhaus Wellingsbüttel hat das Alstertal-Museum seine Heimat.

Gedenk- und Begegnungsstätte Plattenhaus

- Direkt hinter dem Alstertal-Einkaufszentrum steht ein kleines Haus mit langer Geschichte. Das **Plattenhaus** – so genannt wegen der Errichtung in Plattenbauweise – wurde unter großem Leid von Zwangsarbeiterinnen gebaut. Einst war es Teil einer Behelfsheimsiedlung aus mehr als 156 Gebäuden. Die Plattenbauten waren für Familien vorgesehen, die nach Bombenangriffen 1943 obdachlos geworden waren. Errichtet wurde die Siedlung von Frauen, die im Außenlager Sasel des Vernichtungslagers Neuengamme gefangen gehalten wurden. Die Zwangsarbeiterinnen mussten das Gelände planieren, Feldbahngleise verlegen und Baumaterial transportieren, um dann die Betonwände zusammenzusetzen. Viele starben bei dieser Arbeit. Die Plattenbausiedlung wurde in den 1970er-Jahren abgerissen und an ihrer Stelle das Alstertal-Einkaufszentrum errichtet. 1984 wurde eines der letzten verbliebenen Plattenhäuser von einer Poppenbüttler Initiative unter Denkmalschutz gestellt – heute ist es eine Außenstelle der KZ-Gedenkstätte Neuengamme. Seit 2008 ist im linken Gebäudeteil eine Dauerausstellung zu sehen, die die Vernichtung jüdischen Lebens in Hamburg thematisiert. Sie dokumentiert die Verfolgung jüdischer Frauen im Nationalsozialismus und die Strafverfolgung einzelner Täter, informiert über alle Außenlager für Frauen des Vernichtungslagers Neuengamme und thematisiert den Umgang mit Erinnerungskultur. Im rechten Hausteil zeigt eine Ausstellung mit Original-Mobiliar die Wohnsituation in Behelfswohnheimen nach dem Zweiten Weltkrieg (poppenbuettel.gedenkstaetten-hamburg.de/de; So 10–17 Uhr und nach Vereinbarung).

DER HAMBURGER SÜDEN

Der zweitgrößte Hafen Europas ist auch die größte Industrie-Attraktion im Süden Hamburgs. Während der nördliche Hafenrand mit der HafenCity punktet, glitzert weiter südlich die Konkurrenz: der Harburger Hafen. Die Elbinsel Wilhelmsburg mausert sich zum angesagten Eiland. Wem all das zu modern ist, der findet gleich hinterm Deich die stille Idylle traditioneller Obstplantagen im Alten Land.

Wind – Schiffe – Lagerhäuser – Wolken – Hafenkräne« – Hamburg und sein Hafen sind unzertrennlich. Das Industriegebiet erstreckt sich über 74 Quadratkilometer. Als Geburtstag des Hafens gilt der 7. Mai 1189, das Datum, an dem Kaiser Barbarossa den Hamburgern einen Freibrief zum Warentransport ausstellte. Mit steigendem Alter wird der Hafen zunehmend moderner: 1968 wurde der erste Container gelöscht, 2002 das hochmoderne Containerterminal Altenwerder eröffnet und 2013 die alte Freihandelszone im Hafen aufgelöst.

Ein neu belebtes Highlight in Hamburgs Süden ist die Elbinsel Wilhelmsburg mit Hafenanlage, Wohngebiet und einer Freifläche, die sich zum kreativen Spielplatz für Musikfestivals entwickelt hat. Seit 2013 investierte Hamburg dort in neue Architektur und verbesserte Infrastruktur.

Noch weiter südlich liegt der Stadtteil Harburg. Dort präsentiert sich der Harburger Binnenhafen nach 13 Jahren intensiver Neugestaltung Ende 2022 als postmodern saniertes Stadtgebiet. Im Juni lädt das Harburger Binnenhafen-Fest zu Kunst & Kultur im maritimen Ambiente.

Das Alte Land südlich der Elbe ist das größte zusammenhängende Obstbaugebiet Europas. Die schmalen Deiche laden zu Radtouren mit Blick auf Fachwerkhäuser, Pferdeweiden und Apfelplantagen ein.

Konkurrenz für die HafenCity?
Neue Büros im Harburger Binnenhafen

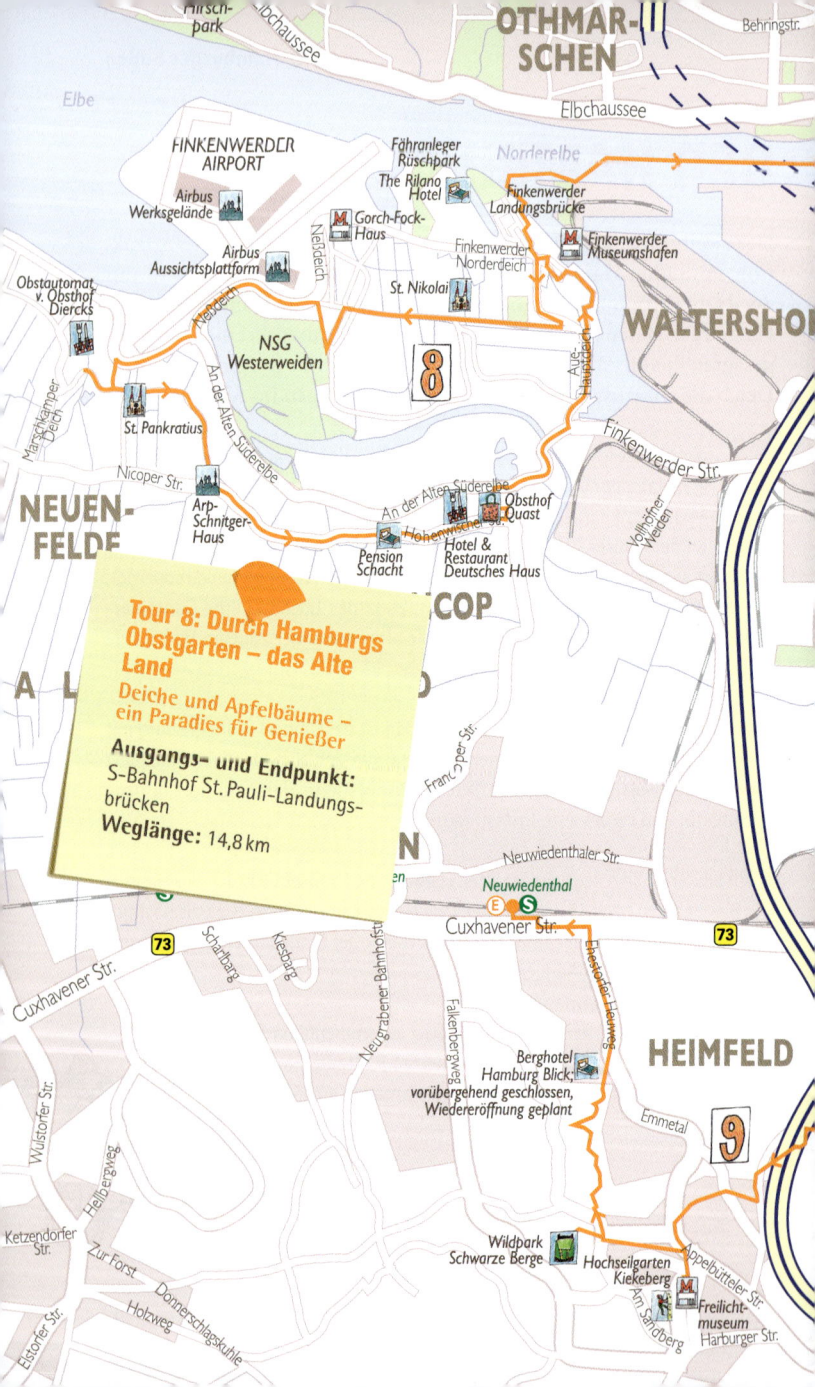

OTHMAR-SCHEN

Behringstr.

Elbchaussee

Elbe

Norderelbe

FINKENWERDER AIRPORT

Airbus Werksgelände

Airbus Aussichtsplattform

Obstautomat v. Obsthof Diercks

St. Pankratius

NEUEN-FELDE

Nicoper Str.

Arp-Schnitger-Haus

Fähranleger Rüschpark

The Rilano Hotel

Gorch-Fock-Haus

Finkenwerder Norderdeich

St. Nikolai

NSG Westerweiden

An der Alten Süderelbe

An der Alten Süderelbe

Hohendeicher

Pension Schacht

Finkenwerder Landungsbrücke

Finkenwerder Museumshafen

WALTERSHOF

Finkenwerder Str.

Obsthof Quast

Hotel & Restaurant Deutsches Haus

8

ICOP

Tour 8: Durch Hamburgs Obstgarten – das Alte Land

Deiche und Apfelbäume – ein Paradies für Genießer

Ausgangs- und Endpunkt:
S-Bahnhof St.Pauli-Landungs-brücken
Weglänge: 14,8 km

Franzper Str.

Neuwiedenthaler Str.

Neuwiedenthal

Cuxhavener Str.

73

Cuxhavener Str.

Scharlbahn

Kiesbarg

Neugrabener Bahnhofstr.

Falkenbergweg

Berghotel Hamburg Blick;
vorübergehend geschlossen, Wiedereröffnung geplant

73

HEIMFELD

Emmetal

9

Wilstorfer Str.

Heilbergweg

Ketzendorfer Str.

Zur Forst

Donnerschlagsstuhle

Holzweg

Wildpark Schwarze Berge

Hochseilgarten Kiekeberg

Freilicht-museum Harburger Str.

Am Sandberg

Appelbütteler

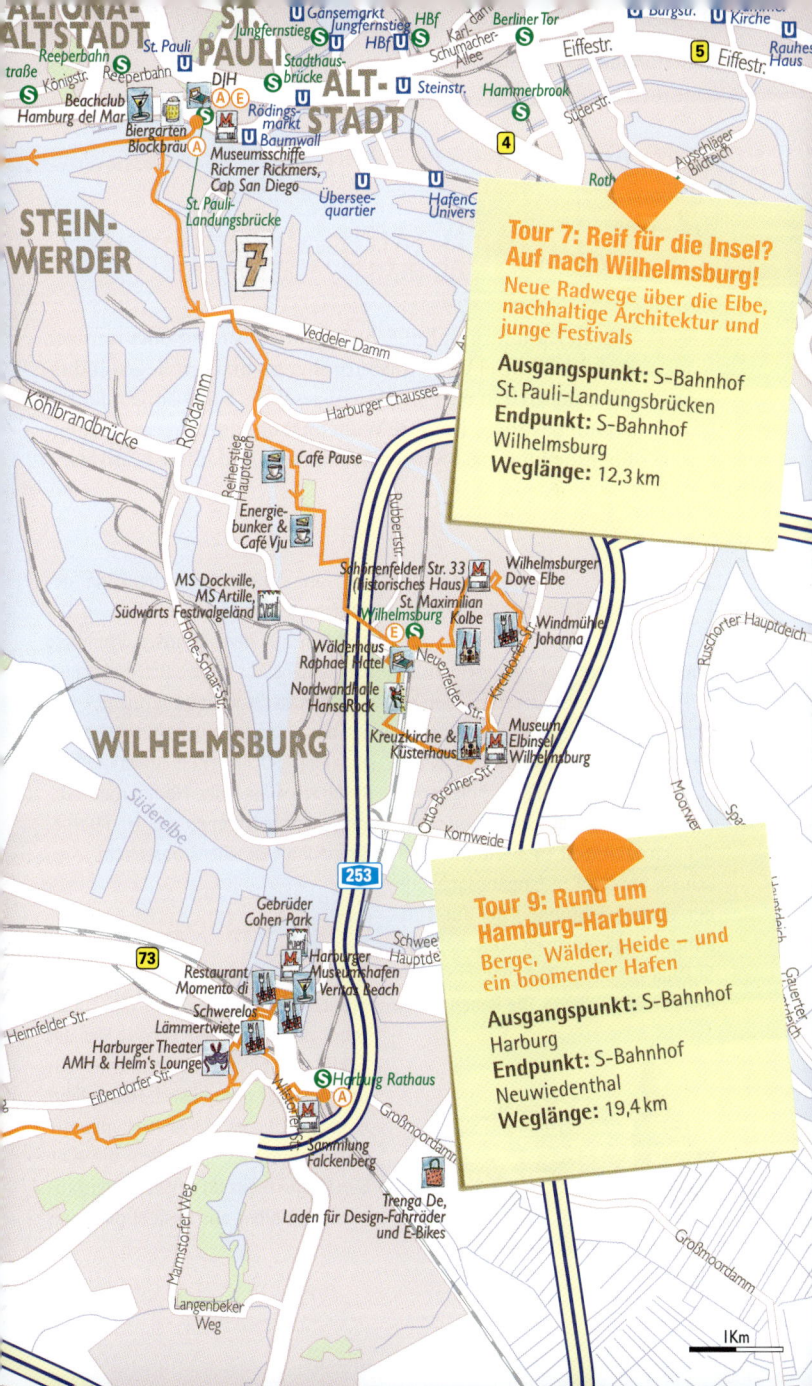

ALTONA-ALTSTADT

ST. PAULI

ALT-STADT

traße
Reeperbahn
Königstr.
Reeperbahn
St. Pauli
Jungfernstieg
Jungfernstieg
HBf
HBf
Karl-
Schumacher-
Allee
Berliner Tor
Burgsu.
Kirche
Rauhes
Haus

Beachclub
Hamburg del Mar
DJH
Stadthaus-
brücke
Steinstr.
Hammerbrook
Eiffestr.
5

Biergarten
Blockbräu
Rödings-
markt
Baumwall

Museumsschiffe
Rickmer Rickmers,
Cap San Diego

St. Pauli-
Landungsbrücke

Übersee-
quartier

Hafen-
Univers

Süderstr.

4

Roth

STEIN-WERDER

Kohlbrandbrücke

Rolfdamm

Veddeler Damm

Harburger Chaussee

7

**Tour 7: Reif für die Insel?
Auf nach Wilhelmsburg!**
Neue Radwege über die Elbe,
nachhaltige Architektur und
junge Festivals

Ausgangspunkt: S-Bahnhof
St. Pauli-Landungsbrücken
Endpunkt: S-Bahnhof
Wilhelmsburg
Weglänge: 12,3 km

Café Pause

Reiherstieg
Hauptdeich

Energie-
bunker &
Café Vju

Rubbertstr.

Schönenfelder Str. 33
(Historisches Haus)
St. Maximilian
Kolbe
Wilhelmsburg

Wilhelmsburger
Dove Elbe

Windmühle
Johanna

Ruschorter Hauptdeich

MS Dockville,
MS Artille,
Südwärts Festivalgeländ

Flotte-Schaar-Str.

Kirchdorf

Wäldemaus
Raphael Hotel

Neuenfelder Str.

Nordwandhalle
HanseRock

WILHELMSBURG

Kreuzkirche &
Küsterhaus

Museum
Elbinsel
Wilhelmsburg

Süderelbe

Otto-Brenner-Str.

Kornweide

Moorwe

253

**Tour 9: Rund um
Hamburg-Harburg**
Berge, Wälder, Heide – und
ein boomender Hafen

Ausgangspunkt: S-Bahnhof
Harburg
Endpunkt: S-Bahnhof
Neuwiedenthal
Weglänge: 19,4 km

Gebrüder
Cohen Park

73

Schwee

Hauptde

Restaurant
Momento di

Harburger
Museumshafen
Veritas Beach

Schwerelos
Lämmertwiete

Harburger Theater
AMH & Helm's Lounge

Eißendorfer Str.

Heimfelder Str.

Harburg Rathaus

Großmoordamm

Sammlung
Falckenberg

Trenga De,
Laden für Design-Fahrräder
und E-Bikes

Marmstorfer Weg

Langenbeker
Weg

Großmoordamm

Gauerst
deich

1 Km

Reif für die Insel?
Auf nach Wilhelmsburg!

Wer in Hamburg wohnt, lebt am Wasser – mehr oder weniger. Auf der Elbinsel Wilhelmsburg eher mehr. Dort liegen Industrie und Idyll in nächster Nachbarschaft. Seit wenigen Jahren boomt das zuvor isolierte Wilhelmsburg durch neue Radwege über die Elbe, nachhaltige Architektur und junge Festivals.

St. Pauli-Landungsbrücken

Auch auf dieser Tour passieren wir die St. Pauli-Landungsbrücken (s. Touren 3 und 8). Sie sind der Verkehrsknotenpunkt für Hafenrundfahrten, Musicalbesuche und Ausflüge auf die andere Elbseite. Rechts vom Uhrenturm befindet sich der Alte St. Pauli-Elbtunnel mit seinem kunstvollen Eingangsgebäude, der einzige Elbtunnel, der für Fußgänger zugänglich ist. Oberhalb der St. Pauli-Landungsbrücken wächst Wein – sogar am Südhang. Die Reben waren

im Jahr 1995 eine Schenkung des Stuttgarter Weinfests an Hamburg. Der seitdem auf dem kuriosen Weinberg gewonnene Mix aus weißen und blauen Trauben heißt »Stintfang Cuvée« und ist dank der geringen Ausbeute von maximal 50 Flaschen unverkäuflich. Lediglich Gäste der Hamburger Bürgerschaft bekommen das Hamburger Original als Geschenk überreicht.

»Cap San Diego«

Der maritime weiße Riese ist das größte fahrtüchtige zivile Museumsschiff der Welt. 1962 gebaut, lief das Schiff zunächst in Finkenwerder aus und ging auf große Fahrt. Heute fährt es regelmäßig im Mai beim Hamburger Hafengeburtstag. Sonst liegt die »Cap San Diego« meist an den Landungsbrücken und dient zur Besichtigung, als

Tagungsort oder als Event-Location für Partys. Übernachtungen an Bord sind möglich. Weitere Attraktionen sind ein schwimmender Hochseilgarten und der Poolbereich, der von April bis Oktober ein Bad in der Elbe ermöglicht.

Überseebrücke • Tel. 040/34 42 09 • www.capsandiego.de • täglich 10–18 Uhr

Im St. Pauli Elbtunnel fand bis 2009 die Kunstschau Elb-Art statt

 Die Tour beginnt an den St. Pauli-Landungsbrücken. Nach dem Alten Elbtunnel, den wir in Richtung Süden durchfahren, führt unser Weg auf der gut ausgeschilderten Veloroute 11 durch ehemaliges Freihafengebiet.

St. Pauli-Elbtunnel

Nach nur vier Jahren Bauzeit ist der denkmalgeschützte Tunnel seit mehr als 100 Jahren ein täglich benutztes Artefakt. Der Bau im Jahr 1907 war riskant. Pro Tag wurden eineinhalb Meter Tunnel gebaut, jedes Stück wurde mit Eisenplatten abgestützt. 1911 wurde der Tunnel eröffnet; er ist heute der älteste erhaltene Unterwasser-Tunnel im kontinentalen Europa. Die damals aus den USA importierten Original-Aufzüge aus dem Eröffnungsjahr sind bis heute in Betrieb. Sie waren einst für Pferdefuhrwerke ausgelegt – praktisch, denn sie passten danach auch für PKWs. Seit 2019 ist der Tunnel allerdings bis auf Weiteres autofrei. Der Tunnel verläuft 24 Meter unter der Elbe. Da die Elb-Fahrrinne aufgrund von Containerschiffen mit zunehmendem Tiefgang mehrmals ausgebaggert wurde, schützt seit 1983 eine Betonplatte die Tunneldecke vor möglicher Beschädigung.

Bei den St. Pauli-Landungsbrücken 1 • Tel. 040/30 05 12 36 • www.hamburg. de/alter-elbtunnel • für Fußgänger und Radfahrer täglich gratis 24 Std. geöffnet

Steinwerder und ehemaliger Freihafen

Sobald man auf der anderen Seite der Elbe aus dem Alten Elbtunnel kommt, ist man in Steinwerder, das seit 1768 zu Hamburg gehört und seit 1894 ein

Mit viel Weitblick auf neuem Radweg quer durch den Hamburger Hafen

Hamburger Stadtteil ist. Steinwerder umfasst größtenteils das ehemalige Freihafengebiet. Die bekannte Werft Blohm+Voss befindet sich hier, der Container-Terminal Tollerort (plattdeutsch für »Zollstelle«), viele Höfte, Kais, Speicher und Lagerhäuser. Seit Sommer 2015 ist der Kreuzfahrt-Terminal »Hamburg Cruise Center Steinwerder« am Kronprinzkai der neueste von vier Anlaufpunkten für moderne Kreuzfahrtschiffe in Hamburg. Die Veloroute 11 führt Radler auf bequemen Strecken durch das weite Industriegebiet. Im Freihafen konnten von 1888–2012 Waren innerhalb des Stacheldrahtzauns zollfrei gelagert werden. Heute sind alle Strecken frei passierbar und Wilhelmsburg ist durch die neue Anbindung schnell erreicht.

 Auf der gut ausgeschilderten Veloroute 11 nach Wilhelmsburg erreichen wir die Fährstraße in Wilhelmsburg.

Wilhelmsburg

Eine Insel, auf der regelmäßig Partys gefeiert werden – klingt das gut? Die Elbinsel Wilhelmsburg mit ihren vielen Sommer-Festivals erfüllt diesen Anspruch. Auch sonst ist Wilhelmsburg viel zugänglicher als noch vor wenigen Jahren. Im nördlichen Teil der zentralen Veringstraße mit ihren Gründerzeithäusern eröffnen in rasanter Folge neue Cafés. Auf der geistigen Landkarte Hamburgs ist Wilhelmsburg in die Mitte der Aufmerksamkeit gerückt: Seit 2008 gehört es verwaltungstechnisch nicht mehr zum südlichen Harburg, sondern zum Bezirk Hamburg-Mitte.

 Café Pause Nur das Ambiente erinnert noch an Arbeit: Am ruhigen Ende des Veringkanals liegt das Café mit Industrie-Charme. Direkt bei der Honigfabrik! Industriestraße 125, Tel. 040/42 10 39 13, Di–So 9–23 Uhr

 Die Fährstraße bringt uns zur Veringstraße. Wir biegen dort links ab und folgen der Weimarer Straße bis zum Energiebunker in der Neuhöfer Straße.

Energiebunker

Der Hochbunker in der Neuhöfer Straße ist das Gegenstück zum Bunker an der Feldstraße (s. Tour 2). Beide dienten im Zweiten Weltkrieg zum Schutz von Zivilisten und zur Abwehr von Flugzeugen, weshalb auch das Dach zugänglich ist. Der Betonbunker hat innen neun Stockwerke und ist 44 Meter hoch. In Kriegszeiten fanden bis zu 30000 Menschen darin Schutz. Nach dem Krieg wurde der Innenausbau von der britischen Armee gesprengt. Danach konnte der Bunker nicht mehr genutzt werden und stand leer, bis die Internationale Bauausstellung die Ruine 2013 zum Öko-Krafterk umfunktionierte. Eine Fotovoltaikanlage auf dem Dach erzeugt Strom und eine Solaranlage an der Seitenfassade Wärme. Innen hat ein ganzes Biogas-Blockheizkraftwerk Platz gefunden. Zudem funktioniert der Bunker als Wärmespeicher für eine Fabrik und vesorgt Tausende Haushalte mit Strom und Wärme. »Sahnehäubchen« auf dem Dach: ein Café mit Blick über die Stadt.

 Café Vju Klares Design in lichter Höhe: Von der Terrasse hat man in 30 m Höhe einen tollen Panoramablick auf Hamburg. Am Wochenende mit leckerem Brunch. Neuhöfer Str. 7, Tel. 0157/58 55 37 06, www.vju-hamburg.de; Fr 12–18, Sa, So 10–18 Uhr

 Wir biegen nach wenigen Metern rechts in die Georg-Wilhelm-Straße und fahren bis zur Rotenhäuser Straße, der wir bis zu einem Parkweg folgen. Dieser bringt uns mittels einer Abzweigung nach links bequem zur Kreuzung kurz vor dem S-Bahnhof »Wilhelmsburg«. Wir fahren rechts an der Ampel über die Neuenfelder Straße und sind dann im Eingangsbereich des Inselparks.

Wilhelmsburger Inselpark

Ähnlich wie anno 1953–73 der City-Park Planten & Blomen wurde auch der Wilhelmsburger Inselpark für die Internationale Gartenschau (IGS) 2013 ganz neu geschaffen. Zwar war die IGS ein wirtschaftlicher Flop, für den Inselpark

Vom Kriegskoloss zum Öko-Riesen: Solaranlage auf dem Dach des Energiebunkers

aber trotzdem ein voller Erfolg. Die neue Muharrem-Acar-Brücke führt seit 2013 vom S-Bahnhof »Wilhelmsburg« direkt zum Eingangsbereich des Inselparks. Die Schwebebahn, die zur IGS durch den Park fuhr, wurde inzwischen wieder abgebaut. Geblieben sind die neue Struktur des Parks, neue Brücken, Spielplätze und Cafés, gepflegte Rasenflächen und Wege. Nach der geplanten Verlegung der Wilhelmsburger Reichsstraße, die den Park aktuell teilt, wird der Inselpark als ein verbundenes Ganzes zugänglich sein.

Wälderhaus

Nein, eine urige Blockhütte ist das Wälderhaus nicht gerade. Seine Holzfassade aus Lärche wirkt eher futuristisch. Die Idee dahinter auch, denn

Im Wälderhaus gibt's Nachhaltigkeit zum Anfassen

Nachhaltigkeit ist die Triebfeder hinter der Architektur des Wälderhauses. Das Haus versteht sich als CO2-neutraler Tagungsort, als Hotel und als öffentliches Wissenschaftszentrum zum Thema »Wald«. Innen informiert eine Ausstellung über Wälder und Ökosysteme. Die oberen drei Etagen sind aus Massivholz und sogar das Dach mit Photovoltaikanlage ist z. T. begrünt. Ins Leben gerufen wurde das Haus vom Verein Schutzgemeinschaft Deutscher Wald in Hamburg anlässlich der Internationalen Bauausstellung (IBA) 2013.

 Raphael-Hotel Wälderhaus
Ökologisch rundum verträgliches Wohnen ganz in Holz, inklusive Baum im Zimmer. Am Inselpark 19, Tel. 040/302 15 61 00, www.raphaelhotelwaelderhaus.de

Nordwandhalle

Kein Konzern und auch nicht die Stadt hat die Riesen-Kletterhalle auf dem Hügel initiiert, sondern eine engagierte Gruppe von jungen Kletterern. Seit 2012 betreuen die acht GründerInnen und ihr Team die Nordwandhalle mit viel Elan und Idealismus. Auf 4000 Quadratmetern Fläche kann man bis zu 16 Meter hohe Wände erklimmen! Auch Bouldern ist möglich. Besondere Beachtung verdienen die Top-Hygienestandards für Klettergriffe und der

nachhaltige Energiehaushalt der Halle, denn sie wird CO2-neutral betrieben.

Am Inselpark 20 • Tel. 040/209 33 86 • www.nordwandhalle.de • Mo–Fr 10–23, Sa, So 10–22 Uhr

 Refugium Kreative Küche im Bistro der Nordwandhalle. Alle Gerichte sind thematisch von internationalen Klettergebieten inspiriert und aus regionalen Zutaten zubereitet. Am Inselpark 20, Tel. 040/209 33 86, www.nordwandhalle.de

 HanseRock Hochseilgarten Fünf Parcours laden von März–Nov. zum Balancieren hoch über dem Boden ein: vom leichtesten Parcours »Amerika« bis zur schwierigsten Strecke »Australien«. Am Inselpark 22, Tel. 0521/32 99 20 20, www.hanserock.de

 Im Inselpark folgen wir dem Hauptweg nach rechts und fahren nach ca. 50 Metern nicht weiter geradeaus, sondern auf die Anhöhe linkerhand. Sie führt zur Brücke über die Fernbahngleise. Wir überqueren diese und folgen geradeaus der Brackstraße durch den Ortsteil Kirchdorf. Beim alten Küsterhaus und der Kreuzkirche biegen wir links in die Kirchdorfer Straße und kommen am Museum Elbinsel Wilhelmsburg vorbei.

Evangelische Kreuzkirche und Küsterhaus

Der Blick auf den historischen Ortskern Kirchdorfs ist kontrastreich: Neben reetgedeckten Häuschen aus dem 17. und 18. Jahrhundert sieht man die Hochhäuser der nahen Wohnsiedlung Kirchdorf-Süd aus den 1970er-Jahren. Das Küsterhaus wurde 1660 erbaut und ist zusammen mit der Kreuzkirche das älteste Gebäude in Wilhelmsburg. Beide Häuser sind denkmalgeschützt. Das Küsterhaus dient seit 1808 als örtliche Schule in Kirchdorf. Die Kreuzkirche war für knapp 500 Jahre (1397–1896) die einzige Kirche in Wilhelmsburg. Zu Beginn des 17. Jahrhunderts wurde die alte Kreuzkirche neu errichtet und Mitte des 18. Jahrhunderts vom Baumeister des Hamburger »Michels«, Ernst Georg Sonnin, repariert. Ende des 19. Jahrhunderts wurde die Kreuzkirche noch einmal umgebaut, doch an ihrer Nordseite sind noch Bauelemente aus früherer Zeit erhalten.

Kreuzkirche Wilhelmsburg • Kirchdorfer Str. 175 • Tel. 040/754 48 29 • www.kirche-wilhelmsburg.de

Museum Elbinsel Wilhelmsburg

Ein Wasserschloss mit Burggraben und Zugbrücke stand an der Stelle, wo sich heute Wilhelmsburgs Heimatmuseum befindet. Auf den Grundmauern des »Adeligen Sitzes Stillhorn« wurde 1724 ein herzogliches Amtshaus mit Vorplatz errichtet. Bis 1859 befand sich darin die Verwaltung Wilhelmsburgs. Dann wurde sie mit der Harburgs zusammengelegt und das Gebäude zur Schule umfunktioniert. Nach dem Zweiten Weltkrieg zog das Museum Elbinsel Wilhelmsburg in das ehemalige Amtshaus. Es war bereits 1907 gegründet worden und bis zum Umzug im Rathaus und dann in einem Wasserturm untergebracht. Das hellgelb gestrichene Haus steht unter Denkmalschutz. Auch der Burggraben und der Gewölbekeller des Schlosses von 1620 können besichtigt werden. Der Eintritt ist frei.

Kirchdorfer Str. 163 • www.museum-wilhelmsburg.de • April–Okt. So 14–17 Uhr

Café Eléonore Im hellen und freundlichen Museumscafé werden selbst gebackene Kuchen

serviert. Kirchdorfer Str. 163, Tel. 040/31 18 29 28, www.museum-wilhelmsburg.de

 Die Kirchdorfer Straße ist lang und auf der linken Seite für Fahrräder in beiden Richtungen befahrbar. Erst in der Schönenfelder Straße – nicht schon »Bei Der Windmühle«! – biegen wir links ab und sind gleich bei der Windmühle Johanna.

Windmühle Johanna

Schon vor der Windmühle Johanna standen seit 1585 fünf andere Windmühlen an diesem Platz. Johanna Sievers, die letzte selbstständige Müllerin vor Ort, mahlte bis 1961 noch selbst in ihrer Mühle neben dem kleinen Teich. Nach ihrem Ruhestand erlebte sie mit, wie ihr ehemaliger Arbeitsplatz 1998 nach ihr benannt und zum Denkmal umfunktioniert wurde. Johanna Sievers verstarb 2004 im Alter von 98 Jahren in ihrem Haus neben der Mühle. Die Windmühle Johanna von 1875 ist heute gut konserviert; im 2013 eingeweihten Backhaus des Mühlenmuseums wird das »Wilhelmsburger Mühlenbrot« gebacken. In der Mühle werden Märchen vorgelesen, es gibt ein Café, daneben

Die Windmühle Johanna ist ein beliebter Treffpunkt und interaktives Museum

auch Skat- und Spieleabende und den Plattdeutschen Stammtisch. Von März bis Oktober steht die Mühle auch für Hochzeiten zur Verfügung.

Schönenfelder Str. 99a • Tel. 040/ 75 43 8 45 • www.windmuehle-johanna.de • Do–Fr 11–18, Sa, So 10–18 Uhr

Historische Schönenfelder Straße

Die Schönenfelder Straße verläuft auf einem Deich, parallel zur Wilhelmsburger Dove Elbe. Kurz nach der Windmühle Johanna macht die Straße einen Knick nach links. Ein Blick von der Brücke über die Dove Elbe ist hier besonders malerisch. In der Schönenfelder Straße stehen viele historische Häuser: Das zweistöckige Fachwerkhaus in der Schönenfelder Straße 33 wurde 1690 erbaut und ist das älteste historische Gebäude in der Straße. Etwas weiter, in der Schönenfelder Straße 100, steht ein Müllerhaus von 1813, in dem 1840 Johann Wilhelm Cordes geboren wurde, der Architekt des Ohlsdorfer Friedhofs.

Wir fahren die Schönenfelder Straße entlang, bis sie in die Krieter Straße übergeht. Gegenüber der Kirche St. Maximilian Kolbe fahren wir über den Platz vor dem »Luna Center« bis zum S-Bahnhof »Wilhelmsburg«.

St.-Maximilian-Kolbe-Kirche

Etwas marode ist sie geworden, die Kirche von 1974 mit dem Beinamen »Klorolle« und dem spiralförmigen Turm in Beton-Optik. Für eine katholische Kirche eher ungewöhnlich ist das Fehlen jeglichen Schmucks: Die graue Fassade ist glatt und auch der Innenraum frei von Zierrat. Die Eingangstür verbirgt sich an der offenen Seite der Spirale. Benannt wurde die Kirche nach Maximilian Kolbe, einem polnischen Franziskanermönch, der während des Zweiten Weltkriegs Juden vor der Deportation rettete und im Vernichtungslager Auschwitz als Seelsorger tätig war. Er wurde in Auschwitz ermordet, nachdem er dort das Todesurteil eines Mithäftlings an dessen Stelle auf sich genommen hatte. 1971 wurde er vom Papst heiliggesprochen. Die Bausubstanz der Kirche St. Maximilian Kolbe bedarf einer teuren Sanierung, weshalb 2013 bereits ihr Abriss geplant war. Dieser konnte abgewendet werden, jedoch wird die Kirche momentan nicht mehr für Gottesdienste genutzt. Zur Kirche gehört ein Altenheim auf demselben Grundstück.

Shows & Festivals in Wilhelmsburg

- Für die **Internationale Gartenschau (IGS)** und die **Internationale Bauausstellung (IBA)** wurden 2013 große Teile von Wilhelmsburg neu gestaltet. Dazu gehört der postmodern gestreifte Behördenkomplex am S-Bahnhof »Wilhelmsburg«. Auch das Wälderhaus und die »Hybrid Houses« und »Waterhouses« am Inselpark sind nachhaltige Beispiele für neue Architektur in Wilhelmsburg (www.iba-hamburg.de).

- In Wilhelmsburg ist genug Platz – sowohl auf der Insel als auch in den Köpfen. Das ist ideal für kleine und große Festivals. Das **MS Dockville Festival** (www.msdockville.de) und sein Kunstpendant MS Artville sind seit 2007 feste Begriffe in Hamburg – drei Tage lang gibt es Kunst und Musik satt. Beim **Spektrum Festival** rocken Elektro- und Rap-Größen und -Newcomer jeweils einen Sommertag lang am Schlengendeich (www.spektrum.ms), und wer mag, putzt sich heraus für den queeren Vogelball, das House-Festival Butterland oder Poetry-Wortkunst beim Slamville – ebenfalls Projekte der Ideenschmiede »Kopf & Steine« (www.kopfundsteine.de). Seit 2013 gibt es hier auch das eintägige **Südwärts-Festival**: Jugendliche organisieren ihr eigenes Festival inklusive professionellem Line-up und Poetry-Slam (www.suedwaerts-festival.de). Beim Musikfestival **48h Wilhelmsburg** rockt jedes Jahr im Juni ganz Wilhelmsburg vom Club bis zum Wohnzimmer (www.48h-Wilhelmsburg.de). Und dann gibt's da noch das **Lüttville Festival** für die ganz Kleinen mit Traumreisen, Zirkusworkshop, Malworkshop usw. an verschiedenen Stationen auf der Elbinsel (www.luettville.de).

Durch Hamburgs Obstgarten – das Alte Land

Fachwerkhäuser, Deiche und Apfelbäume prägen das Alte Land. Im Frühling lockt die Baumblüte, im Sommer werden liebevoll dekorierte Marmeladengläser und seltene Obstsorten privat an der Straße verkauft, im Herbst sind die Wege gesäumt von Bäumen mit knallroten Äpfeln. Ein Paradies für Genießer!

St. Pauli-Landungsbrücken

Das Tor zum Alten Land sind für Hamburg-Besucher die St. Pauli-Landungsbrücken. Von hier starten wir unsere Tour auf die andere Elbseite. Früher machten an den Landungsbrücken auch Überseedampfer fest; heute sind es kleinere Kreuzfahrtschiffe, die an der Überseebrücke andocken, denn dort befindet sich eines von vier Kreuzfahrt-Terminals in Hamburg. Die Landungsbrücken sind Ausgangspunkt für Hafenrundfahrten und für die Fährstrecken der HADAG Hafenfähren. Am westlichen Ende schließen neben dem Eingang zum Alten Elbtunnel (s. Tour 7) die Empfangsgebäude der Landungsbrücken von 1909 an. Der markante Uhrenturm zeigt auch den Tidenhub der Elbe. Zwei berühmte Museumsschiffe liegen an den

Landungsbrücken: der Stückgutfrachter »Cap San Diego« und der Dreimaster »Rickmer Rickmers« von 1896. Zwei weitere große Museumsschiffe – die »MS Bleichen« und seit 2020 die »Peking« – liegen quer gegenüber im Hansahafen und können z. T. auch virtuell besichtigt werden. Im »Portugiesenviertel« nördlich der U-Bahn-Brücke laden portugiesische Restaurants und Pastelarias zum Auf-

Typisch Hamburg: An den Landungsbrücken weht eine steife Brise

takt oder Ausklang des Tages ein, wenn einem mal nicht nach Fischbrötchen ist.

Fahrräder an Bord sind willkommen auf den HADAG-Hafenfähren

 Hamburg del Mar Beachclub auf einem Parkdeck mit Hafenblick. Bei den St. Pauli-Landungsbrücken, www.hamburg-del-mar.de

 Blockbräu Ein Stück Bayern am Hafen. Selbst gebrautes Bier und ein deftiges Menü samt Brezeln – mit weitem Ausblick von der Dachterrasse. Bei den St. Pauli-Landungsbrücken 3a, Tel. 040/ 44 40 50 01 14, www.block-braeu.de

 Jugendherberge auf dem Stintfang Günstige Übernachtung auf der Anhöhe über den Landungsbrücken – mit guter Perspektive oberhalb von Hamburgs einzigem Weinberg. Alfred-Wegener-Weg 5, Tel. 040/31 34 88, www.hamburg.de/hostel/4098142/jugendherberge-auf-dem-stintfang

 Die Tour beginnt an der S-Bahnstation »St. Pauli-Landungsbrücken«. Am Fähranleger der Brücke 3 steigen wir in die HVV-Fähre 62 nach Finkenwerder. Fahrkarten können an Bord gelöst werden.

HADAG-Fähre 62 nach Finkenwerder

Schon die Fahrt durch den Hafen auf die andere Elbseite nach Finkenwerder ist ein Erlebnis. Zum regulären HVV-Preis bieten die HADAG-Fähren eine Rundfahrt im Hamburger Hafen. Hat man noch kein Ticket, ist es am günstigsten, eine Tageskarte zu kaufen. Insgesamt gibt es sieben Fährrouten der HADAG durch den Hamburger Hafen. Wir wählen die Fähre Nr. 62 nach Finkenwerder. Fahrräder können kostenlos mitgenommen und im Transportraum im Heck abgeschlossen werden. Die Schiffstour entlang des nördlichen Elbufers bis zu den Finkenwerder Landungsbrücken dauert ca. 20 Minuten. Besonders schön ist während der Fahrt der Ausblick vom windigen Oberdeck. Nach den Landungsbrücken läuft die Fähre die Haltestelle »Altonaer Fischmarkt« mit der Fischauktionshalle an; die nächste Fährstation ist dann »Dockland (Fischereihafen)«. Wer mag, kann

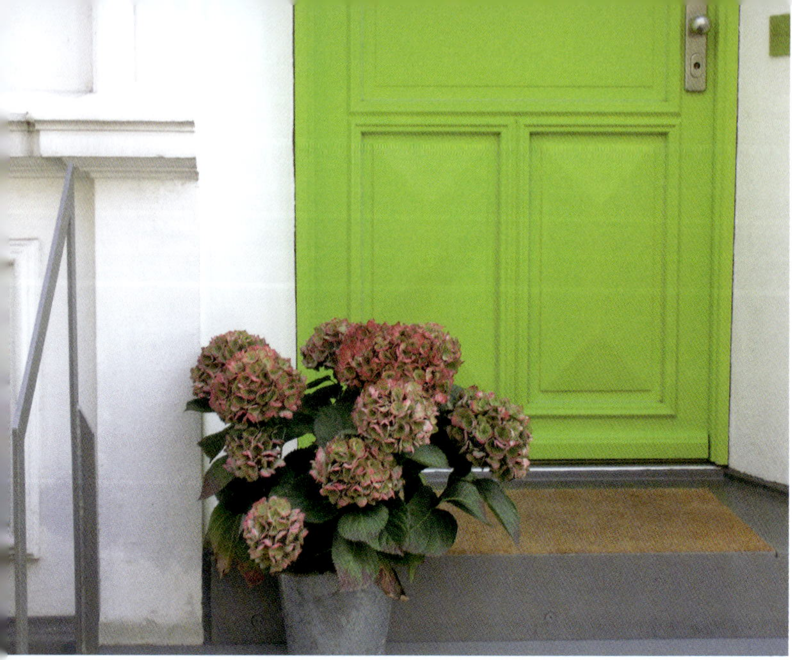

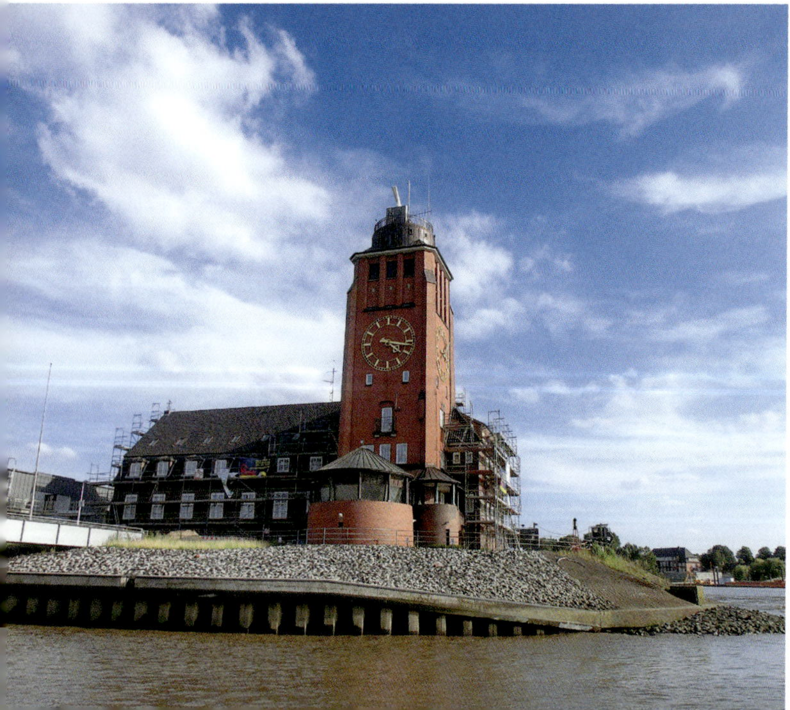

Finkenwerder

hier zwischendurch aussteigen und auf den »Gläsernen Schiffsbug« klettern: Die Dachterrasse des fotogenen sechsstöckigen Dockland-Bürogebäudes ist öffentlich zugänglich und über breite Treppen zu erreichen. (Übrigens: Auch die Fahrstühle im Inneren fahren diagonal!) Danach fährt die Fähre zur Haltestelle »Neumühlen« mit dem Museumshafen Oevelgönne. Dann dreht das Schiff und fährt die südliche Elbseite an. Nach der Haltestelle »Bubendey-Ufer« erreicht die Fähre die Landungsbrücke Finkenwerder.

HADAG Hafenfähren • Tel. 040/ 31 17 07-0 • www.hadag.de

 Vom Fähranleger Finkenwerder radeln wir gen Süden in den Ort. Nach dem Finkenwerder Landscheideweg kommen wir zum Neß-Hauptdeich am Airbus-Gelände. An der Ampel in einer Rechtskurve überqueren wir die Straße und radeln geradeaus ins Alte Land. Dort treffen wir zuerst auf die Hasselwerder Straße, die auf dem Deich entlang verläuft.

Oben: Historisch und modern zugleich: das ehemalige Fischerdorf Finkenwerder, Hausansicht

Unten: Die Lotsenstation Seemannshöft ist denkmalgeschützt und weithin sichtbar

Einst war Finkenwerder eine Insel auf der anderen Elbseite; heute ist es keine Insel mehr, da nach der Sturmflut von 1962 durch neue Deiche Landverbindungen geschaffen wurden. Über Jahrhunderte hinweg waren der Norden und der Süden der Insel politisch geteilt: Der Norden war Vorort von Hamburg, der Süden hingegen gehörte wechselnden Bischofs- und Herzogtümern, zuletzt dem Fürstentum Preußen. Seit 1937 zählt ganz Finkenwerder zu Hamburg. In der Ortsmitte Finkenwerders steht die St.-Nikolai-Kirche von 1881, die als einzige Kirche der geteilten Insel deren Bewohner im sonntäglichen Gottesdienst vereinte. Während der Flut von 1962 stand das Wasser in der Kirche drei Meter hoch. Die verbliebenen Fachwerk- und Reetdachhäuser in Finkenwerder bilden einen kuriosen Kontrast zum Airbus-Werk, das seit seiner Vergrößerung 2002 einen Großteil Finkenwerders einnimmt. Als kleiner Ausgleich für die großräumige Airbus-Erweiterung wurde 2006 der Rüschpark angelegt. Von hier aus kann man auch zurückfahren, denn im Park gibt es einen eigenen Fähranleger. Im Rüschpark erinnert ein Mahnmal an die Häftlinge des Vernichtungslagers Neuengamme, die 1944 auf der Finkenwerder Werft »Fink II« Zwangsarbeit bis zum Tod

leisten mussten. Die gepanzerte U-Boot-Werft »Fink II« war in Vergessenheit geraten, bis bei den Bauarbeiten für das Airbus-Werk im Jahr 2002 Reste der Bunkerwände zutage traten. 2006 wurde zu Wasser ein Gedenkort gestaltet: Die Anlage wurde freigelegt und mit dunklen Steinen eingefasst; auf dem Beton sind je nach Höhe des Wasserpegels die Worte »ZEIT/erinnerung« und »RAUM/störung« ganz oder in Teilen lesbar.

www.uns-finkwarder.de, www. finkenwerder-geschichtswerkstatt.de

 The Rilano Hotel Luxuriöse Übernachtung mit phänomenalem Elbblick. Auch sonntags für den Brunch zu empfehlen. Hein-Saß-Weg 40, Tel. 040/637 97 54 04, www.rilano-hotel-hamburg.de

 Gorch-Fock-Haus Ein kurzes Stück auf dem Neß-Hauptdeich nach Norden kommt man zum kleinen Museum und Elternhaus des Schriftstellers Johann Kinau

alias »Gorch Fock«. Das traditionelle Fachwerkhaus steht auch für Hochzeiten zur Verfügung. Neßdeich 6, Tel. 040/742 65 01, www.heimat vereinigung-finkenwerder.de; geöffnet jeden 1. Do 14–18 Uhr

St. Nikolai Neugotische Kirche von 1881 mit Kanzel und Kronleuchter aus dem 18. Jh. Finkenwerder Landscheideweg 157, Tel. 040/742 68 33, www.kirche-suederelbe.de/ finkenwerder

Airbus-Gelände Finkenwerder

In Finkenwerder werden Flugzeuge gebaut – jeden Monat ca. 50 Stück, Tendenz steigend. Finkenwerder und der Flugzeugbau haben eine lange Geschichte: Bereits 1940 baute die Hamburger Schiffswerft Blohm & Voss in Finkenwerder eine Flugzeugwerft, die dem Airbus-Werk vorausging. Dort wurden während der NS-Zeit Militärflugzeuge gebaut. Die heute ansässige Airbus-Gesellschaft mit ihrem werkseigenen Flughafen ist seit den 1970er-Jahren an der Elbe vor Ort und heute der größte Flugzeughersteller Europas. Die Erweiterung des Airbus-Geländes in Finkenwerder im Jahr 2002 war umstritten, denn den Werkshallen wurde ein Teil des artenreichen Vogel- und Naturschutzgebiets Mühlenberger Loch geopfert. Nach Anmeldung bietet das Reisebüro »Globetrotter« knapp dreistündige Werksführungen auf Deutsch oder Englisch über das Airbus-Gelände an.

Kreetslag 10 • Führungen durch Globetrotter Werksführung • www.werksfuehrung.de

Das Alte Land

Das größte zusammenhängende Obstanbaugebiet Europas ist das Alte Land. Im 12. und 13. Jahrhundert wurde das Sumpfgebiet im Urstromtal der Elbe von Holländern besiedelt. Sie entwässerten systematisch das fruchtbare Marschland, um es für die Landwirtschaft nutzbar zu machen. Der Name Altes Land geht auf diese Praxis zurück, denn das bereits entwässerte Land

Natur pur: Im Alten Land laden Heuballen zur Pause am Wegesrand ein

wurde »Altes Land«, das noch zu bearbeitende dagegen »Neues Land« genannt. Die entwässerten Gebiete gliedern sich entlang natürlicher Flussläufe in die drei Bezirke der Ersten, Zweiten und Dritten Meile und wurden nacheinander urbar gemacht. Als das gesamte Gebiet fertig für den Obstanbau war, hieß all dies folglich das »Alte Land«. Seitdem hat der Obstanbau im Alten Land ungebrochen Tradition: Erstmals urkundlich erwähnt wurde die Obstkultur im Jahr 1320. Heute wachsen dort ein Dutzend Apfelsorten auf knapp zehn Millionen Bäumen. Deiche und Entwässerungskanäle – auch Wettern genannt – durchziehen die Gegend südwestlich der Elbe bis heute. Auch die gekreuzten Giebel mit Tiermotiven an vielen Höfen im Alten Land gehen auf die Bautradition der holländischen Siedler zurück. Im Frühjahr blühen im Alten Land die Obstbäume und Tausende Apfel- und Kirschbäume plustern sich zu weißen und rosa Blütenwolken auf. Der Sommer ist die Zeit der reifen Kirschen, die nirgends in Hamburg so süß schmecken und so günstig sind wie hier. In vielen Altländer Kirchen werden im Sommer Orgelkonzerte gegeben, denn gerade im Hochsommer ist es dort angenehm kühl. Hochsaison für die Ernte ist im Herbst, wenn die Äpfel reif sind; sie werden auch heute noch von Hand gepflückt. Dann finden auch die Altländer Apfeltage statt sowie der »Tag des offenen Hofes«: Dann kann man Obsthöfe besichtigen oder bei einer Führung auf Obstwagen durchs Gelände fahren. Eine regionale Spezialität ist heißer Apfelsaft mit einem Schuss Obstbrand namens »Diekpedder« (hochdeutsch »Deichtreter«) – das Getränk wärmt besonders im Winter gut. Auch die Weihnachtsmärkte auf den Dörfern sind im winterlichen Alten Land besonders schön. Das ist noch nicht alles: Wer mag, kann im Alten Land ein »Apfeldiplom« erwerben oder die Patenschaft für einen Apfelbaum übernehmen.

Naturschutzgebiet Süderelbe

In direkter Nachbarschaft des Airbus-Werks gibt es nach Süden hin zwei angrenzende Naturschutzgebiete: das Naturschutzgebiet Westerweiden und das der Alten Süderelbe. Auf unserer Tour weist der Name der Straße An der Alten Süderelbe auf den Flusslauf hin; die Alte Süderelbe ist jedoch nur auf der Brücke über den ehemaligen Nebenarm der Elbe direkt zu sehen. Flora und Fauna der Alten Süderelbe sind durch einen Abstecher gen Westen zu erreichen. Die Alte Süderelbe war ursprünglich ein Nebenfluss der Elbe, ist aber seit der Sturmflut von 1962 vom Hauptstrom abgetrennt und hat weder Tide noch eine direkte Verbindung zur Elbe. Am Südrand des Naturschutzge-

biets Süderelbe sieht es wildromantisch aus: Hier leben Kiebitze und Kormorane, auch Fischadler und mehr als 300 Arten von Nachtschmetterlingen.

 Fahren wir die Hasselwerder Straße ein Stück nach rechts, kommen wir zum Obsthof Diercks mit seinem Obst-Automaten zur Selbstbedienung. Danach drehen wir um und fahren auf dem Deich gen Osten bis nach Francop.

Neuenfelde, Francop und der Obstmarschenweg

»Unter den Wettern« heißt das Gebiet südlich des Deichs in Francop. Der Name kommt nicht etwa vom Wetter, sondern von den Entwässerungsgräben, die die Marsch durchziehen – sie wurden früher »Wettern« genannt. Unsere Fahrradroute auf dem Deich führt auch über den Obstmarschenweg: Dieser zieht sich von Hamburg aus über eine Länge von 85 Kilometern parallel zur Elbe gen Nordwesten hin. Entlang des Obstmarschenwegs gibt es leckeren Obstverkauf und viele Obstlehrpfade. Das Alte Land südlich der Elbe

Oben: Millionen von Apfelbäumen sind der Reichtum der Region

Unten: Traditionelles Bauernhaus im Alten Land

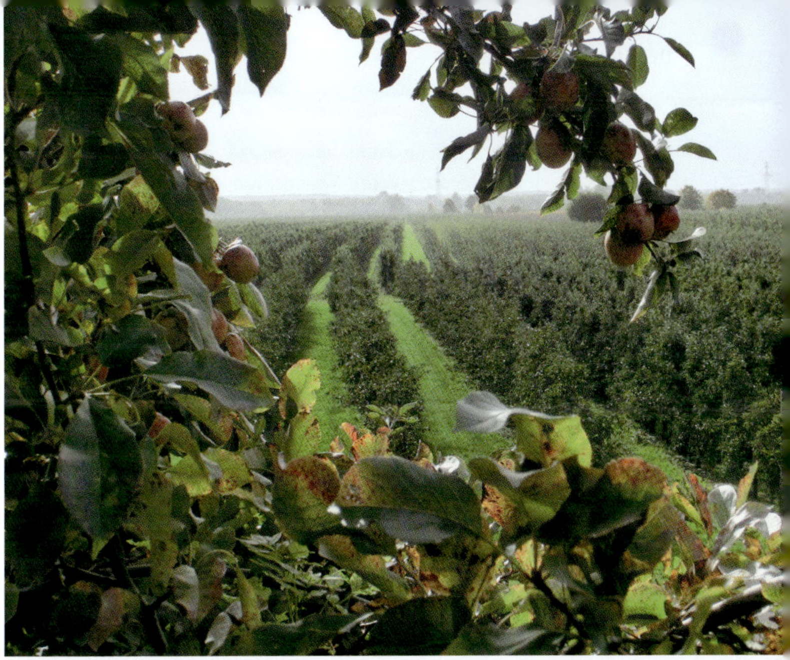

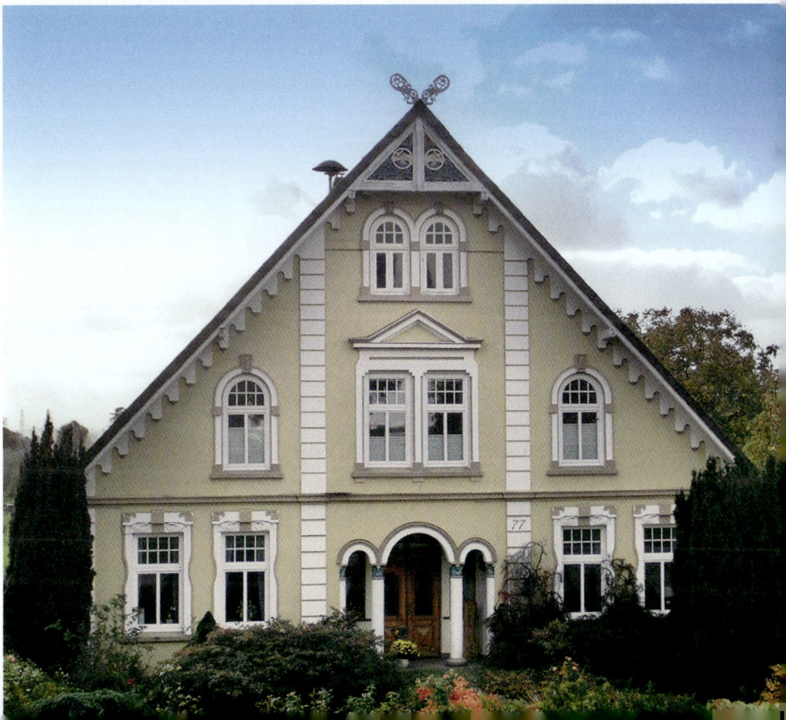
77

teilt sich durch natürliche Flussläufe in drei Abschnitte bzw. Meilen auf: Die Erste Meile reicht vom Fluss Schwinge bis zur Lühe, die Zweite Meile befindet sich zwischen dem Fluss Lühe und der Este und die Dritte Meile liegt zwischen den Flüssen Este und Alte Süderelbe. Die Hamburger Stadtteile Neuenfelde und Francop zählen zur Dritten Meile, dem östlichen Teil des Alten Lands. Dieses Gebiet wurde im späten 15. Jahrhundert als Letztes eingedeicht. In Neuenfelde und in Francop sehen wir alte Fachwerkhäuser, den einen oder anderen Ponyhof und links des Deichs große Apfelplantagen.

Kirche St. Pankratius

Hoch oben von einer Sanddüne aus wacht die barocke evangelische Kirche St. Pankratius seit 1682 über Neuenfelde. Die Düne bot den Dörflern schon im Mittelalter Schutz bei Sturmfluten. Als noch nicht alle Deiche gebaut waren, rettete sich bei Gefahr, wer konnte, auf diese Anhöhe. St. Pankratius ist bekannt für seine 14 Meter breiten detaillierten Deckenmalereien, den romanischen Taufstein von 1683 und vor allem für die größte erhaltene Orgel von Arp Schnitger, dem bekanntesten Orgelbauer seiner Zeit. Auf dem berühmten, mehr als 300 Jahre alten Instrument wird heute noch gespielt. Der Orgelbauer Arp Schnitger lebte

mit seiner Familie in Neuenfelde und wurde, wie im 18. Jahrhundert üblich, unter dem Kirchenboden bestattet. Eine Gedenkplatte im Mittelgang der Kirche erinnert an den Handwerksmeister; südlich der Kanzel findet man den Kirchenstuhl seiner Familie. Doch es gibt noch mehr Kostbarkeiten: Der reich verzierte Kanzelaltar von St. Pankratius ist der älteste seiner Art in Norddeutschland. Auch der Grabstein des Priesters Johannes von 1503 findet sich in der Kirche.

Organistenweg 7 • Tel. 040/745 92 96
• www.schnitgerorgel.de

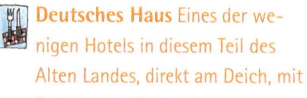

Deutsches Haus Eines der wenigen Hotels in diesem Teil des Alten Landes, direkt am Deich, mit Restaurant. Hohenwischer Str. 157,

In St. Pankratius erklingt noch die Arp-Schnitger-Orgel von 1683

Tel. 040/74 59 39 98, www.deutsches
haus-francop.de

 Pension Schacht Private Unter-
kunft in einer kleinen, schönen
Landvilla in Francop. Hohenwischer
Str. 183, Tel. 040/74 57 27

Arp-Schnitger-Haus

*Die geschnitzten Wappen am Arp-Schnit-
ger-Haus verweisen auf den Orgelbau*

Nomen est omen: Schon der Name
Schnitgers – die Wortwurzel rührt vom
»Schnitzen« her – weist auf sein Talent
hin, das ihn zum berühmtesten Orgel-
baumeister seiner Zeit machte. Arp
Schnitger wurde 1648 in der Nähe von
Oldenburg geboren. Er stammte aus
einer Tischlerfamilie, lernte bei seinem Vater das Tischlerhandwerk und
machte danach eine Lehre zum Orgelbauer. Mit 34 Jahren bekam er den
Auftrag zum Bau der Orgel für St. Pankratius, zog nach Neuenfelde und
wurde Hamburger Bürger. Zwei Jahre
darauf heiratete er eine Frau aus Neuenfelde – und blieb endgültig. Das reich
verzierte Neuenfelder Haus am Deich
gehörte Arp Schnitgers Schwiegervater
und ging nach dessen Tod in Schnitgers
Besitz über. Darin lebte er mit seiner
Familie von 1705 bis zu seinem Tod im
Jahr 1719. Im Alten Land gibt es insgesamt zehn Kirchen, alle davon sind
denkmalgeschützt. Arp Schnitger war
am Bau von acht ihrer Kirchenorgeln
beteiligt und schon zu Lebzeiten bekannt als äußerst kundiger Baumeister

– er baute u. a. Orgeln für den Lübecker
Dom und den Hamburger »Michel«.
Von ihm gebaute Instrumente wurden
international exportiert; weltweit sind
heute noch 30 seiner Orgeln erhalten,
jedoch nicht alle in so gutem Zustand
wie diejenige zu St. Pankratius in Neuenfelde.

Vierzigstücken 91

 Obsthof Quast Hofladen mit frischen Äpfeln, Pflaumen, Erdbeeren,
Kirschen, Gemüse, Kartoffeln,
Schinken, Eiern, Honig, Obstbrän-
den, selbst gemachten Marmeladen
und Säften. Obst kann man hier je
nach Saison auch selbst pflücken.
Hohenwischer Str. 141, Tel. 040/
31 97 59 29

 Die Hasselwerder Straße wird zur
Hohenwischer Straße. Bevor diese
eine scharfe Rechtskurve macht,

folgen wir der Radweg-Beschilderung nach Finkenwerder. Der zunächst schlecht sichtbare Weg verläuft entlang einer Apfelplantage. Nach einem Stück an der Landstraße fahren wir am Aue- und Köhlfleet-Hauptdeich zurück nach Finkenwerder.

Museumshafen Finkenwerder

Das stille Pendant zum Museumshafen in Oevelgönne befindet sich in Finkenwerder: Eine beschauliche kleine Sammlung von historischen Schiffen aus Norddeutschland, Holland und Norwegen liegt im Kutterhafen. Insgesamt ein gutes Dutzend ausgemusterter Krabbenkutter und Segler schaukelt dort vor sich hin. Das älteste Exemplar ist ein Ewer von 1896. Der Liegeplatz der Museumsschiffe ist vom Ufer aus gut zu sehen, denn nach der Sturmflut von 1962 wurden die Deiche erhöht und verbreitert. Der Köhlfleet-Hauptdeich hat seitdem eine eingefasste Uferpromenade, die sich auch gut mit dem Fahrrad befahren lässt.

 Wir fahren zum Fähranleger Finkenwerder und nehmen dort die Fähre 62 zurück zur S-Bahnstation »St. Pauli-Landungsbrücken«.

»Rickmer Rickmers«

An den Landungsbrücken erwartet uns ein krönender Abschluss: die »Rickmer Rickmers«. Der froschgrüne Frachter hat viel von der Welt gesehen, seitdem er 1896 in Bremerhaven vom Stapel lief. Das stählerne Segelschiff fuhr bis nach Amerika, Indien, China und Südafrika. Im Ersten Weltkrieg wurde das Schiff von Portugal beschlagnahmt und blieb, u.a. als Segelschulschiff, knapp 70 Jahre in portugiesischem Besitz – bis 1983 der Verein »Windjammer für Hamburg« das alternde Schiff, das unter wechselnden Namen fuhr, als »Rickmer Rickmers« nach Hamburg holte. Seitdem liegt es, inzwischen von Grund auf renoviert, an den Landungsbrücken. An Bord gibt es eine Dauerausstellung, die den Alltag auf der Windjammer zeigt, sowie wechselnde Sonderausstellungen. Im gemütlichen Bordrestaurant kann man den Tag angenehm ausklingen lassen. Die »Rickmer Rickmers« liegt nur wenige Schritte vom Fähranleger der Linie 62 entfernt an den Landungsbrücken.

St. Pauli-Landungsbrücken • Tel. 040/ 319 59 59 • www.rickmer-rickmers.de • täglich 10–18 Uhr, shmh.de/de/ hafenmuseum-hamburg

Obstanbau im Alten Land

● Das Alte Land südlich der Elbe ist das größte zusammenhängende Obstanbaugebiet Europas. 10 Mio. Obstbäume wachsen im Alten Land; 90 Prozent davon sind Äpfel, aber auch Pflaumen, Kirschen und Birnen werden geerntet. Über Jahrhunderte besaßen die Bauern des Alten Lands einen Rechtsstatus als freie Bauern. Auch Frauen im Alten Land hatten traditionell eine starke Position. Dies führte zu einer wohlhabenden und selbstbewussten Bauernschaft. Das Selbstverständnis der Altländer Obstbauern als eigenständige Gemeinschaft ist zusammen mit ihrer wirtschaftlichen Grundlage bis heute erhalten. Heute gibt es rund 2000 Obstbaubetriebe im Alten Land. Ein »Obstbau Versuchs- und Beratungszentrum« bietet Aus- und Fortbildungen an. Bedroht z.B. spät einbrechender Frost im Frühjahr die Obstblüte, werden die Bäume mit Wasser besprüht – das sich bildende Eis schützt die Blüte vor Frostschäden. Die Pflege überlieferter Tradition in Verbindung mit neuen Erkenntnissen lohnt sich: Pro Jahr werden im Alten Land rund 120 Mio. Euro mit Äpfeln & Co. erwirtschaftet.

● Gute Idee: Der Elbe-Radwanderbus kombiniert Fahrradtouren mit Busfahrten. Im Alten Land gibt es viele schöne Radrouten, die Dutzende von Kilometern lang sind. Die Nördliche und die Südliche Obstroute verlaufen jeweils bis weit nach Niedersachsen und Schleswig-Holstein hinein. Zum Entdecken des Alten Landes lassen sich Fahrradtouren gut mit dem Elbe-Radwanderbus ergänzen. Ein regulärer Linienbus mit Fahrrad-Anhänger bringt Sie von einem Ort zum nächsten.

Rund um Hamburg-Harburg

Im äußersten Süden der Stadt verändert sich das Gesicht Hamburgs erneut. Nach Marsch und Geest entlang der Elbe sind die Harburger Berge mit Nadelwäldern und Heide ein landschaftlicher Kontrast. Doch die ländliche Seite ist nur eine Facette Harburgs – der Harburger Hafen entwickelt sich zum Wirtschaftsstandort. Und nicht zuletzt zählen Harburgs Museen zu den kulturellen Glanzpunkten in Hamburg.

Harburg

Harburg war einst preußische Residenzstadt. Das Harburger Rathaus im Renaissance-Stil erinnert noch an die Zeit vor der Eingemeindung Harburgs im Jahr 1937. Lange vor dem Rathaus war im 17. Jahrhundert das Harburger Schloss das Zentrum der Stadt, jedoch blieb von ihm nicht viel übrig – auf den Grundmauern des Schlosses steht heute ein Wohnhaus. Die Zitadelle ums Schloss herum ist ebenfalls nur in Spuren erhalten. Die Schlossinsel nördlich des Harburger Binnenhafens, auf der Schloss und Zitadelle standen, gibt es jedoch heute noch. Im Zuge der Stadtentwicklung wurde dort neben Wohnhäusern Ende 2013 auch der Gebrüder-Cohen-Park eingeweiht, benannt nach den Gründern der ehemaligen Harburger

Phoenix AG. Das Zentrum Harburgs sind heute die Altstadt und die Innenstadt mit dem 2004 erbauten Einkaufszentrum »Phoenix Center«. Nicht weit davon liegt der Harburger Stadtpark mit dem gestauten Außenmühlenteich.

Dieser sommerliche Feldweg führt zum Freilichtmuseum Kiekeberg

Electrum Die spannende Geschichte des Stroms wird im Museum der Elektrizität erfahrbar. Seit 2022 nach Sanierung neu eröffnet! Harburger Schlossstr. 1, Tel. 040/32 50 73 53, www.electrum-hamburg.de; So 10–17 Uhr

in die Hannoversche Straße und kommen nach kurzem zur Moorstraße. Dieser folgen wir nach links ins Zentrum Harburgs. Links biegen wir ab in die Wilstorfer Straße und kommen zu einem Kunst-Highlight in Harburg: der Sammlung Falckenberg.

Kunstverein Harburger Bahnhof

Der Kunstverein im historischen Wartesaal im Harburger Fernbahnhof zeigt seit 1999 zeitgenössische Kunst. Das Bahnhofsgebäude aus Rotklinker wurde 1897 eröffnet. Im Ausstellungsraum über den Gleisen 3 und 4 werden auf etwa 300 Quadratmetern wechselnde Ausstellungen gezeigt. Auch Workshops, Vorträge und Künstlergespräche finden statt, daneben versteht sich der Kunstverein als Produktionsplattform für neue künstlerische Entwicklungen. Da der operierende Harburger Bahnhof unmittelbar unter dem Wartesaal liegt, kann man das Museum auch auf der Durchreise fast zufällig nebenbei entdecken.

Hannoversche Str. 85 • Tel. 040/ 76 75 38 96 • www.kvhbf.de • Mi–So 14–18 Uhr

 Am S-Bahnhof »Harburg« beginnt unsere Tour. Vom Bahnhofsvorplatz aus biegen wir rechts ab

Sammlung Falckenberg

Die bedeutendste private Sammlung moderner Kunst in Hamburg findet sich in Harburg. Hier präsentiert der Unternehmer Harald Falckenberg auf 6000 Quadratmetern und vier Etagen seine international hochgelobte Sammlung, die etwa 2000 Arbeiten zeitgenössischer Kunst umfasst. Die Ausstellung ist seit 2008 in einer ehemaligen Fabrikhalle der Harburger Phoenix-Werke untergebracht. Im weiträumigen industriellen Ambiente lassen sich auch Installationen und multimediale Projekte gut realisieren. Die Sammlung Falckenberg ist seit 2011 eine Außenstelle der Deichtorhallen und ein »must-see« in Harburg. Eine Besonderheit: Sie ist nur mit vorheriger Anmeldung im Rahmen von Führungen geöffnet!

Wilstorfer Str. 71 • Tor 2 • Tel. 040/ 32 50 67 62 • www.sammlung-falckenberg.de • nur im Rahmen von Führungen, Anmeldung erforderlich unter www.deichtorhallen.de/Fuehrungen

Trenga De Werk-Shop für Design-Fahrräder und E-Bikes. Etwas abseits der Route, aber lohnenswert! Großmoordamm 65, Tel 040/32 31 00 70, www.trenga.de, Mo–Fr 9–18 Uhr

Von der Sammlung Falckenberg aus wenden wir uns nach rechts. Die Wilstorfer Straße geht über in den Harburger Ring, auf dem wir in Richtung S-Bahn »Harburg Rathaus« radeln. Kurz vor der S-Bahnstation geht rechts der Schlossmühlendamm ab. Wir folgen ihm und entdecken an dessen Ende links die Lämmertwiete.

Lämmertwiete

Die Lämmertwiete ist ein Hotspot für Harburg-Besucher: Pittoreske Fachwerkhäuser säumen das Kopfsteinpflaster beiderseits. Die z. T. denkmalgeschützten Häuschen stammen noch aus dem 16. und 17. Jahrhundert; damals lebten hier Bauern und Handwerker. Heute überwiegt das internationale Gastronomie-Gewerbe. Ob tagsüber oder abends im Schein der gusseisernen Laternen: Die urige Lämmertwiete trägt nicht umsonst den Spitznamen »Schlemmertwiete«.

Weiter geht es am Ende der Lämmertwiete scharf rechts durch den Fußgängertunnel zur Harburger Schlossstraße; das älteste Haus in der Straße (Nr. 13) ist das denkmalgeschützte »Bornemannsche Haus« von 1565. Auf der Harburger Schlossstraße radeln wir nun zum Harburger Binnenhafen.

Harburger Binnenhafen und »channel hamburg«

Der Harburger Hafen unterliegt durch eine Schleuse nicht den Gezeiten – und der Wandel des Hafengebiets selbst ist beeindruckend. Nach der HafenCity war die Stadtentwicklung im Harburger Binnenhafen mit rund 100 Hektar lange das zweitgrößte Neubauprojekt der Hansestadt. Ende 2022 soll die Sanierung des Gebiets ganz abgeschlossen sein. Der Verein »channel hamburg« informiert über aktuelle Neuigkeiten im neuen Harburger Binnenhafen. Nachdem der Binnenhafen seit den 1970er-Jahren nicht mehr zur Abfertigung von Schiffen gebraucht wurde, kaufte ein Unternehmer 1992 die erste Industrieruine am Hafen mit der Vision, dem verfallenden Gebiet neues Leben einzuhauchen. Seitdem zog es Medienunternehmen und Ingenieurbüros

Oben: Historische Häuserzeile mit einladenden Lokalen in der Lämmertwiete

Unten: Die jährliche »Nacht der Lichter« im Harburger Hafen

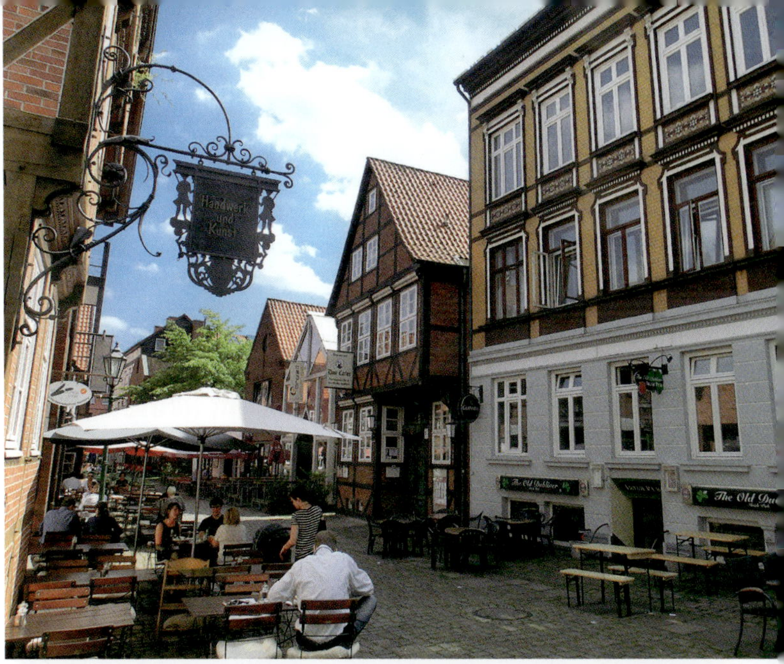
Handwerk und Kunst
The Old Dubliner

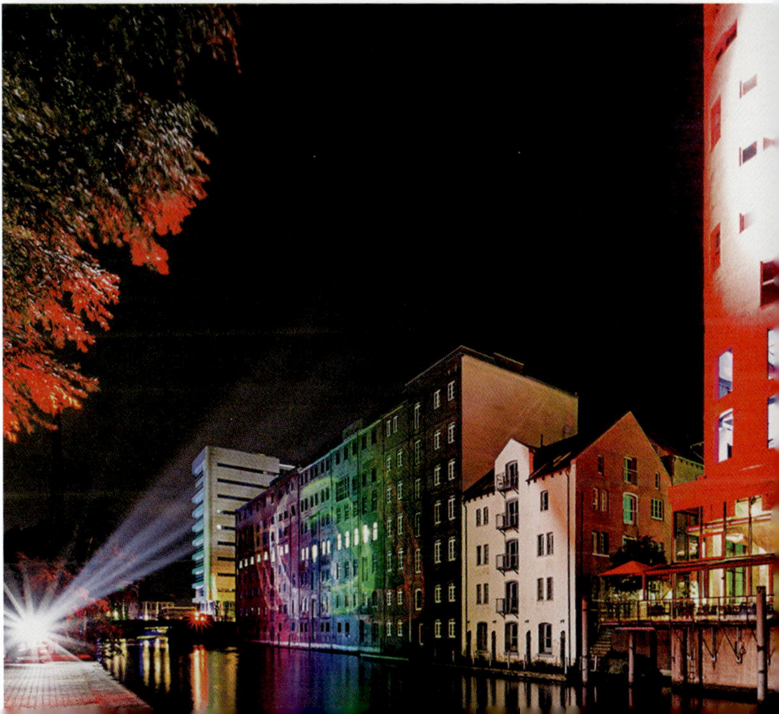

zum Harburger Hafen. Wohnungen, neue Gastronomie samt Beachclub sowie Hotels entstehen rund um die Hafenbecken, und eine Runde durch den Hafen zu drehen, ist in jedem Fall spannend.

 Nacht der Lichter Im September erglüht der Harburger Binnenhafen beim Stadtfest »Nacht der Lichter« in bunten Farben. Der Termin wird auf der Homepage bekanntgegeben (www.channel-hamburg.de).

 Harburger Museumshafen Am Lotsekai und am Kanalplatz/ Ecke Westlicher Bahnhofskanal eröffnete im November 2015 der Harburger Museumshafen. In der Weihnachtszeit gibt es hier einen schwimmenden Nikolausmarkt (www.muhahar.de).

Im Harburger Hafen drehen wir eine Schleife und fahren dann auf dem Rückweg durch die Neue Straße zurück zum Harburger Ring. Von dort geht's – nach dem Archäologischen Museum – durch die Knoop- und die Asbeckstraße zur Hastedtstraße. Im Grünstreifen südlich des Göhlbachtals radeln wir über Bachtwiete und Friedhofsstraße zur Großen Straße, am Ende kurz rechts und gleich wieder links

und sind auf dem Ehestorfer Weg. Darauf überqueren wir die A7 und biegen kurz darauf rechts ab in den Wald nach Ehestorf, Richtung Harburger Berge und Kiekeberg.

Archäologisches Museum Hamburg

Nahe der S-Bahnstation »Harburg Rathaus« befindet sich das Archäologische Museum Hamburg mit mehr als 1,5 Millionen Ausstellungsobjekten und der Unterabteilung »Helms-Museum«. Zu einer der größten Sammlungen zur Vor- und Frühgeschichte Norddeutschlands gehören auch Tonscherben aus der Hammaburg (s. Tour 2). Gegründet wurde der Museumsverein für den Stadt- und Landkreis Harburg 1898, um Zeugnisse aus Harburgs Vergangenheit als eigenständige Stadt zu bewahren. Gründungsvorsitzender war Senator August Helms. Nach dem Zweiten Weltkrieg eröffnete das Helms-Museum in dem Neubau, der heute Haupthaus des Museums ist. Ab 1972 wurden alle Hamburger Sammlungen zur Vor- und Frühgeschichte im Helms-Museum zusammengefasst, seit 2008 heißt es Archäologisches Museum Hamburg. Auf dem Archäologischen Spielplatz können Kinder an steinzeitlichen

Feuerstellen das Feuermachen lernen oder sich in Höhlenmalerei üben. Für Erwachsene sind Werkzeug- und Schmuckfertigung oder die Archäologische Baustelle mit Ausgrabungsbereich spannend.

Museumsplatz 2 • Tel. 040/42871 3693 • www.amh.de; Di–So 10–17 Uhr

Harburger Berge

Klingt unwahrscheinlich, aber ja: Im Süden von Hamburg gibt es Berge. Zwar würde der 155 Meter über dem Meeresspiegel gelegene höchste Gipfel der Harburger Berge in den Alpen nur mit Mühe als Hügel durchgehen – in Harburg jedoch erfreut man sich am Ausblick, besonders vom Berghotel aus. Die höchste Erhebung, die im Hamburger Stadtgebiet liegt, hat 116 Meter Höhe. Der zweithöchste der Harburger Berge ist der 79 Meter hohe Reiherberg, auf dem es bis 1978 sogar einen Skilift gab. Auch die Hamburger Skimeisterschaften fanden hier statt. Zwar lohnte der Aufwand mit dem Skilift dann doch nicht, aber Schlitten fahren kann man in den Harburger Bergen noch immer. Sie sind aber auch ideal zum Radfahren und eine willkommene Herausforderung für Mountainbiker. Auch der 127 Meter hohe Kiekeberg gehört zu den Harburger Bergen und ist bekannt für sein großes Freiluftmuseum.

 Berghotel Hamburg Blick Ganze 74 m hoch ist der Wulmsberg, auf dem das Berghotel steht – mit weitem Ausblick auf den Hamburger Hafen. Wulmsberg 12, Tel. 040/ 79 61 20, www.berghotel-hamburg-blick.de

Freilichtmuseum am Kiekeberg

Nicht nur für Kinder interessant ist das Freilichtmuseum am Kiekeberg – Heimatkunde zum Anfassen. Von 1600 bis heute reicht die Zeitspanne, die hier erfahrbar wird. Mehr als 40 Bauernhäuser, Scheunen und Wirtschaftsgebäude stehen bereit zum Ansehen, Betreten und Erklettern. Das Inventar, z. B. alte Haushaltsgeräte, darf auch ausprobiert werden. Auch alte Haustierrassen leben in den Ställen und

Das Abenteuer ruft täglich im Wildpark Schwarze Berge

im Freien. Daneben wachsen seltene Obstbäume im Landwirtschaftlichen Entdeckergarten. Auf dem Gelände gibt es historische Bauerngärten und einen Wassererlebnispfad, auf dem Wasser per Eimer aus dem Ziehbrunnen geholt und eine aufregende Floßfahrt gewagt werden kann. Das Freilichtmuseum gibt es seit 1953. Neben der ständigen Ausstellung finden Sonderveranstaltungen wie z. B. ein Pflanzenmarkt oder Gastspiele des plattdeutschen Theaters statt.

Am Kiekeberg 1 • Tel. 040/79 01 76-0 • www.kiekeberg-museum.de • ganzjährig geöffnet Di–Fr 9–17, Sa, So 10–18 Uhr

 Hochseilgarten Kiekeberg Hier kann man in den Baumwipfeln Parcours-Klettern. Am Kiekeberg 5, Tel. 040/74 32 55 89, www.hochseilgarten-kiekeberg.de; März–Okt. 10–19 Uhr (nach vorheriger Anmeldung)

 Stoof Mudders Kroog Alte und neue deutsche Hausfrauenkost im Pfarrwitwenhaus. Am Kiekeberg 1a, Tel. 040/79 14 44 98, www.stoof-mudders-kroog.de; Di–So 12–20 Uhr

 Am Kiekeberg fahren wir geradeaus auf einem Feldweg bis zum Wildpark Schwarze Berge.

Wildpark Schwarze Berge

Der Wildpark Schwarze Berge ist ein Klassiker in Harburg: Rund 100 verschiedene Tierarten, darunter Elche, Wölfe, Luchse und Wildpferde, leben im Freiluft-Zoo auf 50 Hektar Fläche in bis zu 150 Jahre altem Wald. Im Streichelzoo können Kinder Ziegen und Damwild streicheln und auch Führungen, Flugschauen mit Greifvögeln und einen großen Kinderspielplatz gibt es im Wildpark. Vom 31 Meter hohen Elbblickturm hat man eine gute Aussicht auf Harburgs Umgebung bis zum Hamburger Hafen und zur Köhlbrandbrücke. In der Kunsthandwerkerhalle im Wildpark werden rustikale handgeschnitzte oder -gestrickte Souvenirs verkauft. Gegenüber dem Eingang befindet sich ein großes Selbstbedienungs-Blumenbeet. Vom Frühjahr bis zum Herbst kann man dort Geld in eine kleine Kasse werfen und sich dafür saisonal abschneiden.

Am Wildpark 1 • Tel. 040/81 97 74 70 • www.wildpark-schwarze-berge.de • April–Okt. täglich 8–18 Uhr, Nov.–März 9–17 Uhr

 Vom Wildpark Schwarze Berge fahren wir bequem bergab nach Norden bis zum S-Bahnhof »Neuwiedenthal«, wo unsere Tour endet.

Delikat essen im Harburger Hafen

• Erlebnis-Gastronomie ist vielleicht nicht das Erste, was einem zu Harburg einfällt – bis man das Achterbahn-Restaurant gesehen hat. In einem Hinterhof in der Harburger Schlossstraße schweben im **Rollercoaster-Restaurant Schwerelos** Speisen auf kunstvoll konstruierten Schlitten durch den Raum. Man kann zusehen, wie Salat, Pastagerichte und Steaks aus fünf Meter Höhe vom anderen Ende der Halle zum eigenen Sitzplatz gleiten und sanft mechanisch abgesetzt werden. Die Bestellung erfolgt futuristisch per Touchscreen (im Palmspeicher Harburg, Harburger Schlossstr. 22, Tel. 040/89 72 13 10, www.rollercoaster-hamburg.de; Di–Sa 11.30–23, So 9–23 Uhr).

• Italienische Eleganz versteckt sich in einem weiteren ehemaligen Speicher am Harburger Hafen. Das Restaurant **Momento di** ist ein sicherer Tipp für sehr gutes Essen in stilsicher eingerichteter Umgebung (Veritas-Kai 3, Tel. 040/76 75 55 94, www.momentodi.com; Mo–Fr 12–22, Sa 17–22 Uhr).

• Italienische Pizza mit Blaubeeren oder am Tisch zubereitetes Crêpe Suzette – derlei Köstlichkeiten bietet das futuristische **Silo 16** direkt am westlichen Bahnhofskanal. Die Terrasse des gläsernen Restaurants bietet einen wunderschönen Blick aufs Wasser, bei schönem Wetter auch mit Sonnenuntergang (Schellerdamm 16, Tel. 040/41 54 14 94, www.silo16.com; Di–Sa 17–23, So 12–23 Uhr).

• **Wasserski & Wakeboard Hamburg** Übers Wasser sausen auf dem Baggersee! Und wer Sport lieber vom Ufer aus genießt, kann dies im Bistro/Café bis zum Sonnenuntergang. Am Neuländer Baggerteich 3, Tel. 0175/116 17 15, www.wasserski-wakeboard-hamburg.de.

DER HAMBURGER OSTEN

Der Osten Hamburgs galt lange als weniger angesagt als die Viertel westlich der Alster. Fast könnte man glauben, es handle sich um kulturelle Lücken auf dem Stadtplan. Doch das stille Dasein östlich der Alster wandelt sich. Viele Stadtteile werden zunehmend für Studierende und junge Familien interessant.

Im Zweiten Weltkrieg wurde Hamburgs Osten weitgehend und flächendeckend zerstört. Das ist den Vierteln östlich der Alster bis heute anzusehen. Altbauten sind in Barmbek oder Hamm eine Ausnahme und nicht die Norm wie in Eppendorf oder Teilen Eimsbüttels. Lange galt der Osten Hamburgs vielleicht auch deshalb als weniger charmant. Ein Begriff östlich der Alster ist vielen das Arbeiterviertel Barmbek, das in sozialkritischen Filmen manchmal als Brennpunkt sozialer Spannungen auftaucht. Diese Zeiten sind passé. Barmbek erfährt seit Jahren eine bauliche Aufwertung durch neue Wohngebiete am Ostrand des Stadtparks. Auch in anderen, lange als verschlafen geltenden Vierteln ist Veränderung spürbar: Hammerbrook ist mit Büros und Fabriklofts seit Jahren hip, Eilbek punktet mit hippen Hausbooten und auch im innenstadtnahen Hamm eröffnen neue Restaurants und Läden. Dieser Trend ist wegweisend für die steigende Beliebtheit des Hamburger Ostens als Wohngebiet für junge Menschen.

Weiter stadtauswärts finden sich das Wandse-Tal, der Friedhof Öjendorf mit dem großen Öjendorfer See oder das Naturschutzgebiet um die Boberger Düne mit langen, schönen Wegen durch Naturlandschaften. Im Südosten liegt der charmante und eigenständige Stadtteil Bergedorf mit Hamburgs einzigem Schloss. Neu ausgebaute und in Teilen bis 2018 fertiggestellte Velorouten führen auf komfortablen Radwegen von der Innenstadt bis nach Wandsbek, Jenfeld und Bergedorf.

Der Boberger See ist eine der vielen grünen Oasen des Hamburger Ostens

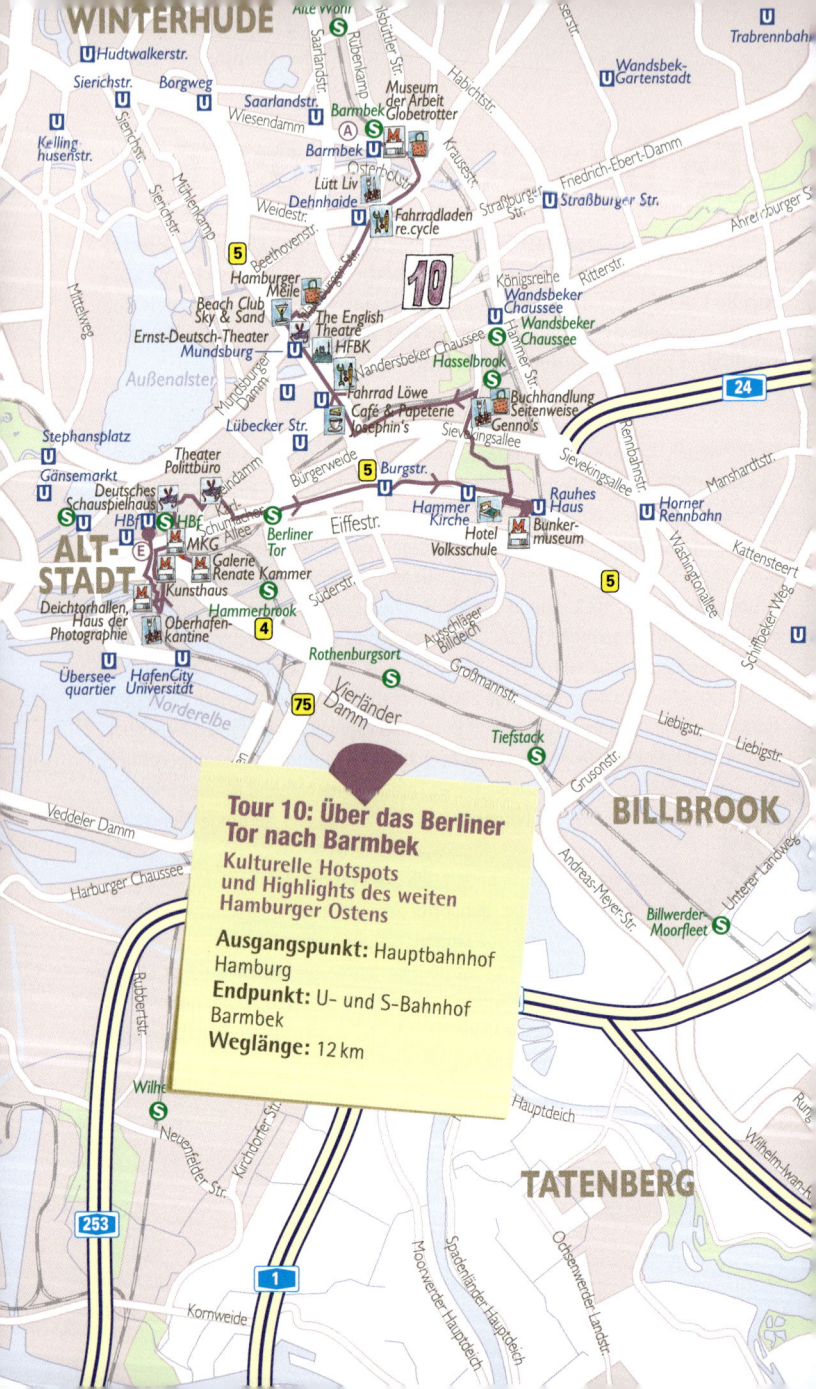

Tour 10: Über das Berliner Tor nach Barmbek

Kulturelle Hotspots und Highlights des weiten Hamburger Ostens

Ausgangspunkt: Hauptbahnhof Hamburg

Endpunkt: U- und S-Bahnhof Barmbek

Weglänge: 12 km

BARSBÜTTEL

Schöneberger Str.

denberg-Str.

Barsbüttler Str.

Willinghusener Landstr.

Willinghusener Landstr.

Steilshoop Hauptstr.

Hauptstr.

`1`

`24`

1 Km

OSTSTEINBEK

Glinder Str.

Möllner Landstr.

Möllner Land

tedt

Dorfstr.

Merkenstr.

`U`

Havighorster Redder

Steinbeker Grenzdamm

Bergedorfer Str.

Möllner Landstr.

Tour 11: Vom Boberger See bis Bergedorf

Märchenhafte Landschaft mit Schloss, Wald, Deichen und Dünen

Ausgangspunkt: S-Bahnhof Mittlerer Landweg
Endpunkt: S-Bahnhof Bergedorf
Weglänge: 9,6 km

oberger See

er Bildeich

Kiosk/Café

Boberger Dünen

Billwerder Bildeich

`5`

`11` **LOHBRÜGGE**

Binnenfeld-redder

Reinbek `S`

INBEK

`S`
`A`
g

BILLWERDER

Allermöhe `S`

Felix-Jud-Weg

`25`

Nettelburg `S`

Nettelnburger Landweg

Nettelnburger Str.

Lüdenbeker Hauptweg

Seemanns-garn

Schloss Bergedorf, Museum für Bergedorf und die Vierlande

Bergedorf `S`

`E`

St. Petri und Pauli

Bergedorfer Mühle

Café Chrysander

Skulpturen-Landschaft

`207`

Hamburger Sternwarte

10 Über das Berliner Tor nach Barmbek

Im Osten gibt's viel Neues zu entdecken. Die Gegend östlich der Alster wird in Stadtführern selten erwähnt – doch das macht die Sache nur spannender! Wir sehen auf unserer Tour kulturelle Hotspots der östlichen Innenstadt und darüber hinaus die Highlights von Hamburgs weitem Osten.

 Die Tour beginnt am Hauptbahnhof. Wir fahren nach links den Klosterwall gen Süden zu den Deichtorhallen und radeln dahinter über die fotogene Oberhafenbrücke zur Oberhafenkantine.

Deichtorhallen

Südlich des Hauptbahnhofs gibt es ehemalige Markthallen, die heute als Ausstellungsräume genutzt werden, wie die Deichtorhallen und das Kunsthaus. Die Deichtorhallen gehören seit 1989 zu den bedeutendsten Museen in Hamburg. Auf insgesamt 5100 Quadratmetern sind in zwei Häusern raumgreifende Ausstellungen zu sehen. Die Nordhalle zeigt wechselnde Monografien und Installationen sowie Themen- und Gruppenausstellungen. Das »Haus der Photographie« in der Südhalle zeigt Werkschauen – der Fotograf F.C.Gundlach gab seine private Sammlung 2003 den Deichtorhallen als Fundus und Leihgabe bis zum Jahr 2023. Daneben gibt es Künstlergespräche, Workshops und Kurse zu Kunst und Fotografie. Dienstags ab 16 Uhr ist der Eintritt ermäßigt. Führungen werden auch in Gebärdensprache angeboten. Die private Sammlung Falckenberg in Harburg (s Tour 9) ist den Deichtorhallen verbunden.

Deichtorstr. 1–2 • Tel. 040/32 10 30 • www.deichtorhallen.de • Di–So 11–18 Uhr, jeden 1.Do im Monat 11–21 Uhr

 Oberhafenkantine Traditionsreiche Kaffeeklappe mit delikater Hausmannskost. und originellen Desserts wie »süßes Ei auf gepufftem Wildreis« Stockmeyerstr. 41, Tel. 040/32 80 99 84,

Einige der besten Kunstausstellungen sind in den Deichtorhallen

www.oberhafenkatine-hamburg.de; Do, Fr 12–15 u. 17–22, Sa 13–22, So 13–17.30 Uhr

 Kunsthaus Hamburg Wechselnde Ausstellungen mit Schwerpunkt auf zeitgenössischer Kunst aus Hamburg. Klosterwall 15, Tel. 040/33 58 03, www.kunsthaushamburg.de; Di–So 11–18 Uhr

 Die Oberhafenkantine markiert einen Wendepunkt der Tour. Wir fahren dieselbe Strecke auf der rechten Straßenseite zurück in Richtung Hauptbahnhof, vorbei an der alten Markthalle am Klosterwall mit dem Kunsthaus. An der Altmannbrücke biegen wir rechts ab und fahren kurz darauf rechts in die Münzstraße.

Galerie Renate Kammer

Besondere Aufmerksamkeit verdient die Galerie Renate Kammer in der »Münzburg«: Dort wird seit 1966 hochkarätige zeitgenössische Kunst gezeigt. In den 1960er-Jahren stellten Joseph Beuys und David Hockney hier aus. Inhaberin Renate Kammer war lange Jahre im Vorstand der Deichtorhallen und des Kunstvereins. Bekannt wurde ihre Galerie in den 1990er-Jahren für Werkschauen international renommierter Architekten wie Zaha Hadid und Herzog & de Meuron. Monatlich wechselnde Ausstellungen internationaler Künstler locken versiertes Publikum ins Münzviertel.

Münzplatz 11 • Tel. 040/23 26 51 • www.galerierenatekammer.de • Di–Fr 12–18 Uhr

 Durch die Münzstraße fahren wir zurück zur Altmannbrücke und überqueren die Kurt-Schumacher-Allee hin zum Museum für Kunst und Gewerbe.

Museum für Kunst und Gewerbe

Ist das ein Schloss? Nein, aber der Neorenaissancebau des Museums für Kunst und Gewerbe beherbergt tatsächlich Schätze. Das Museum verfügt über eine

der beeindruckendsten Sammlungen Hamburgs. Die Dauerausstellung umfasst europäische Kunst aus über 4000 Jahren. Hinzu kommen ostasiatische und islamische Artefakte sowie Grafik und Design, insbesondere Plakat-Kunst, Mode und Textil. Sorgfältig kuratierte Sonderausstellungen setzen beachtliche Akzente. Ein besonderes Design-Exponat ist die »Spiegel-Kantine«: Der psychedelisch anmutende Raum wurde 1969 vom dänischen Designer Verner Panton für den »Spiegel«-Verlag entworfen. Heute steht die gesamte Kantine in schrillem Orange als begehbares Objekt im Museum. Für Kinder gibt es einen klugen Kunst-Spielplatz im Erdgeschoss: Das Hubertus-Wald-Kinderreich lädt ein zu kreativem Spielen – auch für Erwachsene faszinierend!

Steintorplatz • Tel. 040/428 13 43 02 • www.mkg-hamburg.de • Di–So 10–18, Do 10–21 Uhr

 Wir überqueren die Adenauerallee und fahren durch den Steintorweg zum Schauspielhaus. Durch die Ellmenreichstraße kommen wir von dort zum Hansaplatz in St. Georg – gut für eine Pause! – und folgen dann dem Steindamm nach links.

Deutsches Schauspielhaus

Schon die Fassade des Schauspielhauses verweist auf den ursprünglichen Schwerpunkt des Theaters: Büsten von Goethe, Schiller, Kleist und Lessing zieren den Haupteingang. 1900 erbaut, wurden in der Anfangszeit des Theaters rein klassische Stücke gespielt. Vor Beginn des Ersten Weltkriegs ließ die Beliebtheit des Theaters nach, als zunehmend moderne Stücke auf dem Spielplan standen. Im Zweiten Weltkrieg diente der Bühnenraum als Rüstungswerkstatt. Nach langer Flaute lebte das Schauspielhaus ab 1955 unter der Intendanz von Gustav Gründgens

Exzellent und zentral gelegen: das Museum für Kunst und Gewerbe

wieder auf. Die Aufführung von Goethes »Faust« ist bis heute ein Meilenstein in der Geschichte des Hauses. Das Deutsche Schauspielhaus ist heute bekannt für moderne Adaptionen und bei der virtuellen Besichtigung kann man sogar selbst auf der Bühne stehen.

Kirchenallee 39 • Tel. 040/24 87 10 • www.schauspielhaus.de

 Polittbüro Scharfzüngig, schlau und sehr engagiert: politisches Kabarett unter der Leitung von Lisa Politt. Steindamm 45, Tel. 040/ 28 05 54 67, www.polittbuero.de

 Vom Steindamm zweigt rechts die Lindenallee ab. Hier biegen auch wir rechts ab und fahren zur Straße Beim Strohhause. Wir kommen auf die Veloroute 8, die uns entlang der Borgfelder Straße und Hammer Landstraße über das Berliner Tor nach Hamm bringt. Nach dem Hübbesweg mit dem bemerkenswerten »Hotel Volksschule« fahren wir beim Wichernsweg rechts ab und kommen zum Bunkermuseum.

Bunkermuseum Hamm

Fünf Meter unter der Erde liegt Hamburgs einziges Bunkermuseum. Der 1940 gebaute Röhrenbunker mit

Zeitzeugen erläutern Kriegsgeschichte im Bunkermuseum

einen Meter dicken Betonwänden ist selbst Teil der Ausstellung. In Hamm-Süd waren die Verwüstungen im Zweiten Weltkrieg nach den Bombenangriffen der »Operation Gomorrha« vom Juli 1943 besonders groß. Von Deutschland ausgehende Bombenangriffe verwüsteten zuvor insbesondere den Londoner Stadtteil Holborn. Im Bunkermuseum sind Fundstücke wie Bombensplitter, Koffer, geschmolzenes Tischbesteck und z.T. auch noch Original-Inventar zu sehen. An den Wänden hängen Fotos und Zeitzeugenberichte aus Hamburg-Hamm und London-Holborn, im Hintergrund sprechen Menschen, die im Bunker Schutz suchten, auf Band von ihren Erlebnissen. Unterhalten wird das Bunkermuseum seit 1997 von der Stadtteilinitiative Hamm. Geöffnet ist es einmal wöchentlich.

Wichernswcg 16 • Tel. 040/
18 15 14 93 • www.hh-hamm.de •
Do 10–12 u. 15–18 Uhr

 Hotel Volksschule Riesiges
ehemaliges Grund- und Sonder-
schulgebäude von 1888, umfunktioniert zum Hotel Garni in einem
Hammer Altbau. Hübbesweg 9,
Tel. 040/80 00 47 10, www.hotel-
volksschule.de

*Der historische Hammer Park ist eine
grüne Oase*

 Wir überqueren die Hammer
Landstraße, fahren auf der Veloroute 8 ein Stück zurück und
biegen dann rechts ab nach
Norden zum Hammer Park. Diesen durchfahren wir bis zum
nördlichen Ausgang am Hammer
Steindamm.

Hammer Park

Was hat der Hammer Park mit dem
Jenischpark an der Elbe zu tun? Die
Anfänge des Hammer Parks finden sich
im Jahr 1773, als das Gelände noch
weit vor den Toren Hamburgs lag.
Damals kaufte der Kaufmann Jacques
de Chapeaurouge ein großes Stück
Land und ließ daraus einen Park bauen.
Im 19. Jahrhundert wurde der Park
nach dem Vorbild des Jenischparks in
Klein Flottbek (s. Tour 4) neu gestaltet. Karl Sieveking, der neue Besitzer
des Hammer-Park-Geländes, ließ sich

dazu von seinem Patenonkel und Besitzer des Jenischparks, Caspar Voght, in-
spirieren. Knapp 100 Jahre später ging
das Parkgrundstück 1914 in den Besitz
der Stadt Hamburg über. Der heutige
Hammer Park ist nur ein kleiner Teil des
ehemaligen Parkgeländes und steht
seit 2011 unter Denkmalschutz.

 Buchhandlung Seitenweise
Ausgesucht schönes Sortiment
und schneller Bestellservice. Auch
Buchvorstellungen und Autorenle-
sungen. Hammer Steindamm 102,
Tel. 040/20 12 03, www.seitenweise-
hh-hamm.de; Mo–Fr 9–18.30, Sa
9–13 Uhr

 Genno's Kleines, feines Restaurant
mit 18 Plätzen und kreativen Delikatessen wie argentinischer Bratwurst
auf Paprika-Chutney. Hammer
Steindamm 102, Tel. 040/20 25 67,
www.gennos.de; Mo–Sa ab 18.30 Uhr

Wir fahren den Hammer Steindamm nach Norden entlang. Bei der Marienthaler Straße biegen wir links ab und fahren bis zur Landwehr. Dort wenden wir uns nach rechts und radeln geradeaus in Richtung Mundsburg. Dabei kommen wir an der HFBK und am English Theatre vorbei.

Hochschule für Bildende Künste

Hamburgs kurz »HFBK« genannte staatliche Kunst-Uni wurde 1767 gegründet. Damals hieß sie noch »Hamburger Gewerbeschule«; u.a. Graveure und Ziseleure lernten dort das Zeichnen, das zu ihrem Handwerk gehörte. Um die Jahrhundertwende wurde sie zur Staatlichen Kunstgewerbeschule. Das Gebäude der HFBK entwarf (wie

Hier werkt die Kunst-Avantgarde: Hochschule für Bildende Künste

auch das Planetarium oder das Holthusenbad) Fritz Schumacher. Allein die Architektur des Hauses von 1913 lohnt eine Besichtigung, insbesondere die Eingangshalle beeindruckt mit ihrem hohen Jugendstil-Fenster. Zur Jahresausstellung und bei der Präsentation der Absolventenarbeiten öffnet die HFBK ihre Türen und ermöglicht einen guten Einblick ins Geschehen.

Lerchenfeld 2 • www.hfbk-hamburg.de

 Josephin's Liebevoll eingerichtetes Café mit Ornament-Tapete, Paperie und super Frühstücksbuffet. Landwehr 33, Tel. 0157/50 29 37 03, www.josephins.de; Di–Sa 10–18.30, So 10–17 Uhr

 Fahrrad Löwe Radreparaturen und Neuverkauf. Wandsbeker Chaussee 13, Tel. 040/25 59 91, www.fahrrad-loewe.de; Mo–Fr 10–19, Sa 9–14 Uhr

 An der Mundsburg biegen wir rechts in die Oberaltenallee und fahren parallel zum Einkaufszentrum »Hamburger Meile«. Via Dehnhaide radeln wir ab der Brücke über den Osterbekkanal schräg nach links durch das Südende der Fuhlsbüttler Straße zum Museum der Arbeit und zum Bahnhof Barmbek, wo unsere Tour endet.

Mundsburg

Die drei knapp 100 Meter hohen Zebra-Türme sind eine Landmarke in der Skyline von Hamburg-Ost. In den 1973 errichteten Mundsburg-Hochhäusern befinden sich Wohnungen und Büros und auf dem Dach eines Parkdecks zwischen den Hochhäusern lässt es sich bequem im Edel-Beachclub »Sky & Sand« loungen. Im unteren Bereich des Mundsburg-Komplexes befinden sich ein Multiplex-Kino, Geschäfte und Restaurants.

 The English Theatre Im denkmalgeschützten Haus des ehemaligen Hammonia-Bads befindet sich ein Theater mit Aufführungen in englischer Sprache. Lerchenfeld 14, Tel. 040/227 70 89, eth-hamburg.de

 Sky & Sand Schicker Beachclub auf dem Parkdeck der Hamburger Meile. Humboldtstr. 6, Tel. 040/30 08 70 97, www.sky-and-sand-beachclub.de; täglich ab 12 Uhr

Museum der Arbeit

Im Arbeiterviertel Barmbek steht das Museum der Arbeit. Der rote Backsteinbau von 1908 war einst die Fabrik der »New York Hamburger Gummi-Waren Compagnie«. 1997 wurde darin das Museum der Arbeit eingeweiht, dessen Ausstellungen seitdem die Industrie-, Technik- und Sozialgeschichte Hamburgs anschaulich vermitteln. Ein Schwerpunkt liegt auf dem grafischen Gewerbe. Zu den Angeboten zählen ein Kinderprogramm in der offenen Metall- und Druckwerkstatt sowie eine Sprechstunde für BuchbinderInnen. Auf dem Hof des Museums steht das Technik-Denkmal TRUDE: Mit der TRUDE wurde 1997–2000 die vierte Elbtunnelröhre ausgegraben. Der Riesenbohrer ist mit mehr als 14 Meter Durchmesser und 380 Tonnen Gewicht die größte Schildvortriebsmaschine der Welt und heute Wahrzeichen des Museums.

Wiesendamm 3 • Tel. 040/428 13 30 • www.shmh.de/de/museum-der-arbeit • Mo 10–21, Mi–Fr 10–17, Sa, So 10–18 Uhr

 Globetrotter Outdoor-Ausrüstungshaus mit Kältekammer, Kletterwand und großem Ameisenbau unter Glas. Wiesendamm 1, Tel. 040/29 12 23; Mo–Fr 10–20, Sa 9–20 Uhr

Lütt Liv Urig-gemütliches Restaurant mit Terrasse in kleiner Fabrikhalle neben dem Museum der Arbeit. Mo–So 14–23 Uhr, warme Küche ab 17 Uhr

 re.cycle Integrativer Fahrradladen, in dem behinderte Menschen als Mechaniker arbeiten. Hamburger Str. 200, Tel. 040/65 39 05 06; Mo–Fr 9–18, Sa 9–14 Uhr

Malerisches Leben in Hamm und Eilbek

• Ein **Leben im Hausboot** ist auf vielen Hamburger Kanälen ein wahr gewordener Traum. Umgebaute Schuten oder renovierte Barkassen liegen vielerorts an der Dove Elbe oder in Hammerbrook. Schicke neue Hausboote zieren auch den Landwehrkanal in Eilbek gleich neben der HFBK. Die schwimmenden Häuser wurden von einem Architekturbüro entworfen. Sie können allerdings nicht unter den Brücken des Eilbekkanals hindurchfahren – damit bleibt das Schippern auf der Alster Utopie. Ist aber auch nicht nötig, denn einige der Bewohner haben für Ausflüge ihr eigenes Kanu vor der Tür geparkt (www.hausboot-hamburg.de).

• In Hamm-Süd gibt es eine weitere tolle Galerie: die **Fabrik der Künste**. In einer Lagerhalle im Industriegebiet ist seit 2007 ein vielseitiger Ausstellungsraum entstanden. Gezeigt werden wechselnde Präsentationen von Malerei, Fotografie und Skulpturen sowie Installationen. Der Schwerpunkt in der Fabrik der Künste liegt auf Illustration. Hierzu gibt es eine enge Zusammenarbeit mit der Frankfurter Buchmesse und der Kinderbuchmesse in Bologna. Alle zwei Jahre im Herbst wird in der Fabrik der Künste der Hans-Meid-Preis für Buchillustration verliehen. Die Öffnungszeiten variieren je nach Veranstaltung (Kreuzbrook 10–12, Tel. 040/86 68 57 17, www.fabrikder kuenste.de).

11 Vom Boberger See bis Bergedorf

Hamburgs einziges Schloss steht in Bergedorf an einem See im Schlosspark. Dahin passt es gut, denn Bergedorfs Altstadt mit ihren vielen Fachwerkhäusern wirkt märchenhaft. Rundherum laden Wald, Deiche und Dünen in den Vier- und Marschlanden auf ebenen Wegen zum Radeln ein. Und das i-Tüpfelchen: Bergedorf mit Umland ist bequem per S-Bahn zu erreichen.

Vier- und Marschlande

Plattdeutsch lernen in der Schule? Das ist Alltag in den Vier- und Marschlanden. Das Gebiet rund um Bergedorf besteht aus zwölf Stadtteilen, die geprägt sind von Deichen und viel Wasser. Die Region war vor dem Deichbau sumpfig und wurde durch systematische Entwässerung zur Kulturlandschaft gemacht. Heute ist sie das größte Gemüse- und Blumenanbaugebiet in Deutschland. Besonders im Sommer ist das Radeln dort ein Vergnügen, denn dann gibt es Blumen, Gemüse und Obst in großer Auswahl von privat zu kaufen. Charakteristisch für die Landschaft sind die Seen und Fleete sowie die urtümlich anmutende Dove Elbe.

 Die Tour beginnt am S-Bahnhof »Mittlerer Landweg«. Von dort fahren wir nach links bis zum Kreisverkehr, verlassen die Straße geradeaus und sind im Naturschutzgebiet Boberger Niederung. Nach einer Brücke über die Bille geht es links und dann gleich rechts abzweigend weiter. An der nächsten Wegscheide halten wir uns links und folgen dem ausgeschilderten Weg zum Boberger See.

Boberger See

Zu jeder Jahreszeit ist eine Tour durch das Naturschutzgebiet um den Boberger See mit Wildblumen, Birkenwäldchen und dem kleinen Bach Bille ein rundes Erlebnis. Der Boberger See ist ein Baggersee. Er entstand in den

1950er-Jahren beim Bau der nahen A 24. Ausgebaggerter Sand wurde zum Straßenbau verwendet, und die leere Grube füllte sich mit Grundwasser. Seitdem ist der Boberger See ist ein beliebter Treffpunkt für Ausflügler. Das Westufer hat eine FKK-Zone, das etwas sonnigere Ostufer mit Wander- und Radweg dient als Familienbadestrand.

Die Boberger Düne lädt ein zu Beachball und Sonnenbad

 Nach einem Stück am Ostufer des Sees fahren wir auf dem Walter-Hammer-Wanderweg durch eine Heidelandschaft. Falls man Glück hat, kann man den örtlichen Schäfer mit seiner Schafherde antreffen. Links von uns befindet sich ein Segelflugplatz. Wir kommen zu den Boberger Dünen.

Boberger Dünen

Strandfeeling gibt es in Hamburg nicht nur an der Elbe oder in Beachclubs, sondern auch am Waldrand in den Marschlanden: In der Boberger Niederung gibt es Moor-, Heide und Marschlandschaft und auch die Boberger Dünen. Die Wanderdünen bewegen sich im Jahr bis zu zehn Zentimeter vom Fleck und sind Überbleibsel eines größeren Dünengebiets, das nach der letzten Eiszeit vom Berliner Tor bis nach Bergedorf reichte. Besonders die große Sanddüne im Naturschutzgebiet

Boberger Niederung weckt Urlaubsgefühle. Fast vermutet man hinter dem Dünenkamm das Meer ... Um den Abtrag der Dünen zu verlangsamen, wird Strandhafer gepflanzt, dessen Wurzeln den Sand an Ort und Stelle halten. Die Dünenlandschaft ist Lebensraum für Eisvögel und Libellen, Ringelnattern und Ameisenlöwen.

 Wir überqueren eine Landstraße und folgen weiter dem Walter-Hammer-Wanderweg. Dort, wo er sich gabelt, halten wir uns rechts und folgen der südlichen Route. Auf Höhe eines Starkstrommasts fahren wir zunächst nach links und wenig später nach rechts zum Ladenbeker Furtweg. Dann setzt sich der Weg durch ein Waldstück links der Autobahn fort und endet

Hat an jeder Ecke historische Gebäude: das
Bergedorfer Sachsentor

an der Riehlstraße. Von hier aus
fahren wir ein kurzes Stück geradeaus ins Zentrum von Bergedorf.

Bergedorf

Bergedorf hat einen Sonderstatus
unter Hamburgs Stadtteilen. Erstmals
erwähnt wurde es 1162. Ab 1420
folgte eine besondere Situation in der
Geschichte: Das Städtchen sowie die
umliegenden Vierlande wurden knapp
450 Jahre lang von Hamburg und
Lübeck gemeinsam verwaltet.1867
kaufte Hamburg der Stadt Lübeck ihre
Rechte an Bergedorf und den Vierlan-
den ab, jedoch blieb Bergedorf dabei
selbstständig. 1937 wurde es zum
Stadtteil von Hamburg. Das Rathaus
ist reich verziert und zeugt vom Wohlstand der Bergedorfer. Es wurde erst
1927 gebaut – nur zehn Jahre, bevor

Bergedorf seinen Status als selbstständige Stadt einbüßte.

 Nach der Fußgängerzone Alte
Holstenstraße fahren wir unter
der S-Bahnbrücke hindurch und
machen einen Schlenker nach
links in die Straße Reetwerder.

Reetwerder

Das Dörfliche in Bergedorf lebt auch in
dieser kleinen Straße. Dank einer verkehrsberuhigten Zone kann man ge-
mächlich auf der Straße zwischen den
Gründerzeithäusern radeln. Die kleinen
Läden mit bunten Schaufenstern, Cafés
und eine Bergedorfer Geschichtswerkstatt laden zum Verweilen ein.

 Kultur– & Geschichtskontor
Lokale Geschichtswerkstatt mit
Angeboten wie Stadtrundgängen,
Fahrradtouren, Lesungen sowie
einer Bestandsbibliothek zur Kulturgeschichte Bergedorfs. Reetwerder 17, Tel. 040/721 28 23, www.
geschichts-kontor.de; Mi 10–20,
Fr 10–16 Uhr, Di, Do nach Vereinbarung

 Seemannsgarn Originelles
Konzept-Café mit Strick-Workshops
und Woll-Shop in historischem
Ambiente. Reetwerder 2,
Tel. 040/63 91 02 20, www.see-
mannsgarn.hamburg

Vom Reetwerder fahren wir nach links zum Sachsentor und kommen zur Kirche St. Petri und Pauli. Das Museum für Bergedorf und die Vierlande befindet sich gut ausgeschildert nördlich der Kirche.

Kirche St. Petri und Pauli

Nicht weit vom Bergedorfer Schloss steht ein noch älterer historischer Star Bergedorfs: die Kirche St. Petri und Pauli. Die heutige Fachwerkkirche von 1502 wurde auf den Grundmauern der Vorgänger-Kirche aus dem 12. Jahrhundert erbaut. Diese wiederum wurde in der Geschichtsschreibung schon vor dem Bau des Schlosses und sogar vor einem Ort namens Bergedorf erwähnt. Der Standort von St. Petri und Pauli ist damit der älteste erwähnte Ort in Bergedorf. Der Architekt des Hamburger »Michels«, Ernst Georg Sonnin, entwarf 1759 den »neuen« Kirchturm, der heute noch steht. Das Organistenhaus von 1630 ist Geburtshaus des Komponisten Johann Adolf Hasse. Jeden Freitag um 18.30 Uhr werden im Rahmen des Programms »Musik und Texte« in St. Petri und Pauli literarische Texte vorgelesen oder Lieder gesungen.

Bergedorfer Schlossstr. 2 • Tel. 040/721 44 60 • www.stpetriund pauli-bergedorf.de

Schloss Bergedorf und Museum für Bergedorf und die Vierlande

Gebaut wurde Schloss Bergedorf 1220 als Wasserburg; deren Grundmauern sind unter dem Ostflügel noch erhalten. Im ausgehenden 16. Jahrhundert wurde die Burg zum Schloss umgebaut, das zu Anfang des 20. Jahrhunderts um den Nordflügel und Eingang herum verändert wurde. Bereits gegen Ende des 19. Jahrhunderts wurde das Schloss als regionales Museum genutzt; seit 1955 ist das Museum für Bergedorf und die Vierlande darin untergebracht. Die Ausstellungsräume mit ihren reichen Intarsien sind sehenswert. Weiterhin gibt es Veranstaltungen im Rahmen der »Bergedorfer Märchentage« sowie Lesungen, Vorträge und Workshops.

Bergedorfer Schlossstr. 4 • Tel. 040/428 91 25 09 • www.bergedorfer-museumslandschaft.de • Di–So 11–17 Uhr

 In aller Munde im Schloss
Hamburgs einziges Schlosscafé bietet sonntags bis 13.30 Uhr ein Jazzfrühstück an. Leckere Auswahl, gute Musik und toll gelegene Location! Bergedorfer Schlossstr. 4, Tel. 040/21 99 30 77, Mi, Do 15–22, Fr, Sa 15–23, So 10–17 Uhr

Vom Ausgang des Bergedorfer Schlosses wenden wir uns nach rechts und verlassen den Park am Nordausgang beim Hans-Freese-Weg. Dort wenden wir uns nach links zum Schillerufer. Wir fahren an der Bille entlang zur Bergedorfer Mühle. Danach kommen wir durch die Chrysanderstraße nach Süden zum Café Chrysander.

Bergedorfer Mühle

Die historische Windmühle nahe der Bille dreht sich nur noch zu Vorführzwecken und ist heute zum Museum umfunktioniert. Doch die alte Kornmühle aus dem 19. Jahrhundert trägt wesentlich zum Dorfgefühl in Bergedorf bei. Seit 2005 veranstaltet der Verein »Bergedorfer Mühle e.V.« dort Konzerte, Kunsthandwerkermärkte, Führungen und Ausstellungen. Nach umfangreichen Restaurierungsarbeiten geht es rund: Während der »Nacht der Museen« und am »Tag des offenen Denkmals« wird das Mühlrad angeworfen und man kann dabei sein, wenn das Korn frisch gemahlen wird.

Chrysanderstr. 52a • www.berge dorfer-muehle.de

 Café Chrysander Liebevoll gestaltetes Café mit himmlischem Frühstücksbuffet und Garten. Chry-

sanderstr. 61, Tel. 040/38 07 36 57, www.cafe-chrysander.de; Di–So 9.30–18 Uhr, bei Veranstaltungen länger

 Wir radeln von der Chrysanderstraße aus durch Sichter, Gräpelweg und Schulenbrooksweg in Richtung des Bergedorfer Rathauses und sehen kurz danach die SkulpturenLandschaft im Park.

SkulpturenLandschaft

In einem Parkstück an der Schulenbrooksbek steht unter freiem Himmel moderne Kunst. Auf Initiative eines privaten Vereins zeigt das Freiluft-Kunstprojekt 25 Arbeiten von internationalen Künstlern. Sie sollen Kunst als Element des täglichen Lebens erfahrbar machen. Vom Rathauspark aus lassen sie sich auf ungefähr 1,5 Kilometer Länge der Reihe nach besichtigen.

Park an der Schulenbrooksbek • www.skulpturenlandschaft.eu

 Optional fahren wir südlich im Park parallel zum Gojenbergsweg zur Sternwarte. Oder gleich durch die SkulpturenLandschaft zurück in Richtung Bergedorfer Schlossstraße und von dort geradeaus zum S-Bahnhof »Bergedorf«, wo unsere Tour endet.

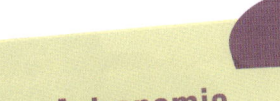

Astronomie für alle Sinne

• Nach seinem ersten Standort am Stintfang bei den Landungsbrücken zog das astronomische Observatorium 1909 vom Millerntor nach Bergedorf um. Dort, auf dem Gojenberg, steht die **Hamburger Sternwarte** noch heute. Hier wurde einst Hamburgs Zeit bis auf den Bruchteil einer Sekunde am Meridian-Kreis gemessen. Ein »Planetenweg« führt die Größenverhältnisse in unserem Sonnensystem anschaulich vor Augen. Daneben gibt es kuriose Dinge wie das Äquatorial-Teleskop, den Lippert-Astrografen und den Großen Refraktor zu bestaunen. Die neobarocken Kuppelbauten mit ihren beweglichen Dächern muten an wie aus einer SciFi-Kulisse. Regelmäßig werden Führungen über das Gelände und öffentliche Sternbeobachtungs-Abende angeboten. Im Hauptgebäude befindet sich eine astronomische Bibliothek. Das Café »Zeit & Raum« im Foyer bietet statt Weltraumnahrung eher bodenständige Genüsse. Von der Südseite aus hat man einen wunderbaren Blick über die Vier- und Marschlande (Gojenbergsweg 112, Tel. 040/428 38 85 12, www.sternwarte-hh.de).

Von A bis Z

ADFC Hamburg

Beim Allgemeinen Deutschen Fahrrad Club gibt's Infos, Literatur und Karten rund ums Radfahren (Koppel 34–36, 20099 Hamburg, Tel. 040/39 39 33, **www.hamburg.adfc.de**).

Alsterschippern

Von April bis Oktober verkehren rot-weiße Alsterschiffe auf der Alster. Im Angebot sind u. a. Alster-Rundfahrten, Fleetfahrten, Kanal-Fahrten und Dämmertörns. Tickets gibt es am Anleger Jungfernstieg (**www.alstertouristik.de**).

Anreise

Das »Tor zur Welt« steht der Welt offen – das gilt auch für Besucher Hamburgs.
• Mit dem Auto:
Die A 7 und die A 1 führen nach Hamburg.
• Mit dem Bus:
Busfahrten sind günstig und beliebt. Die meisten Unternehmen transportieren auch Fahrräder. Fahrräder von ADFC-Mitgliedern werden von MeinFernbus Flixbus sogar kostenlos befördert. Der Zentrale Omnibus-Bahnhof am Hamburger Hauptbahnhof wird täglich von Reise-, Fern- und internationalen Linienbussen angesteuert.
• Mit dem Flieger:
Das Fahrrad mit dem Flugzeug zu transportieren, kostet bei fast allen Airlines einen Aufpreis. Informieren Sie Ihre Fluggesellschaft vor Abflug über die Fahrradmitnahme. Der Hamburger Flughafen Fuhlsbüttel ist durch die S-Bahn mit der Hamburger City verbunden.
• Mit der Bahn:
Mit Fahrradkarte und Stellplatzreservierung befördert die Deutsche Bahn auch das Fahrrad. Vom Hauptbahnhof Hamburg fahren ICEs und S-Bahnen in wenigen Minuten zu den Bahnhöfen Altona oder Dammtor.

ART OFF HAMBURG

Kultursommer: Eintritt frei für viel Kunst & Kultur an der frischen Luft. Für zwei Monate im Hochsommer gibt es Tanz, Literatur, Konzerte, Performances und Kunst satt – ein vielfältiges Programm unter freiem Himmel an verschiedensten Orten in der Stadt belebt die Veranstaltungskultur ganz neu (www.art-off-hamburg.de)

Bus & Bahn

In S- und U-Bahnen des HVV und auch in manchen Buslinien ist die Mitnahme von Fahrrädern kostenlos erlaubt. Nur im Berufsverkehr Mo–Fr von 6–9 Uhr und von 16–18 Uhr ist die Mitnahme untersagt. Am Wochenende kann man das Rad ganztägig mitnehmen. Achtung: Auf Alsterschiffen und den Barkassen der Bergedorfer Schifffahrtslinie (Veranstalter von Hafenrundfahrten) sind Fahrräder nicht erlaubt. Die gute Nachricht: Auf den HADAG-Fähren im Hamburger Hafen ist die Fahrradmitnahme kein Problem.

DB-StadtRAD

Seit 2009 stehen in Hamburg Leihfahrräder der Deutschen Bahn bereit, derzeit an 148 Leihstationen (Stand: Januar 2016). Die Nutzung der knallroten siebengängigen Räder ist nach Erstellen eines Kundenkontos (z. B. am Terminal vor Ort) einfach. Praktisch: Jeder Benutzer kann zwei Fahrräder pro Kundenkonto leihen. Die ersten 30 Minuten sind kostenlos, danach kostet der Verleih pro Minute acht Cent bis zu höchstens 12 Euro pro Tag. Mit »Bahn Card« oder HVV-Karte reduziert sich der Preis auf sechs Cent pro Minute. Einen Übersichtsplan über alle Stadt-RAD-Stationen gibt es unter **stadtrad. hamburg.de**.

Elbe-Radwanderbus

Im Alten Land gibt es den Elbe-Radwanderbus. Der Bus mit Fahrradanhänger verbindet zwischen April und Oktober malerische Dörfer im Obstanbaugebiet. Lange Rundtouren im Alten Land lassen sich damit individuell verkürzen: Man kann so oft ein- und aussteigen, wie man will. Das Verkehrsgebiet ist im Internet einsehbar.

Fahrradstraßen

Hamburgs Fahrradstraßen erkennt man am blauen Kreis mit weißem Fahrrad darin. Autos dürfen dort nicht schneller als 30 km/h fahren.

Fahrradtaxi

In einer Rikscha mit Chauffeur wird Sightseeing zum entspannten Erlebnis. Infos unter **www.hamburgerlebnis.de** und www.pedalotours.de. Am Rathausmarkt, auf dem Jungfernstieg und an den Landungsbrücken stehen oft freie Fahrradtaxis zum Einsteigen.

Fahrradsternfahrt

Jedes Jahr im Sommer findet in Hamburg die Fahrradsternfahrt statt, eine

lebhafte Fahrrad-Demo. Die Route führt meist durch die Innenstadt.

Hafenrundfahrten

An den Landungsbrücken 1 bis 9 gibt es täglich viele Angebote zu geführten Hafenrundfahrten. Auch die HADAG-Fähren kreuzen auf regulären Routen im Hafen und fahren z.B. die Elbphilharmonie als Haltestelle an. Wer sich im Hafen ohne Programm umsehen möchte, wählt mit den HADAG-Hafenfähren ab den Landungsbrücken eine günstige Alternative. Infos unter www.barkassenfahrt.de oder www.hadag.de.

Hamburg Card

Das Kompaktangebot für Touristen gewährt Ermäßigung auf Eintrittspreise für mehr als 150 Angebote (z.B. Museen oder Musicals) samt HVV-Nutzung. Die »Hamburg Card« gibt's bei der Touristeninformation, an manchen HVV-Automaten oder in Hotels. Sie ist auch als Online- oder Handyticket buchbar.

Hamburg im Internet

Offizielles Stadtportal mit kostenfreier Hamburg-App ist www.hamburg.de. Offizielles Tourismusportal ist www.hamburg-tourism.de. Insider-Tipps von Stadtbewohnern gibt es unter www.spottedbylocals.com. Für Verbindungen des Hamburger Verkehrsverbunds empfiehlt sich www.hvv.de.

Kontrollen

Eine Fahrradkontrolle ohne verkehrssicheres Rad kann teuer werden – gerade in den Wintermonaten kontrolliert die Polizei verstärkt das Vorhandensein von Licht, Bremsen und Reflektoren an Fahrrädern.

Museen

Hamburg hat mehr als 70 Museen, darunter auch spezielle Häuser wie das Zusatzstoffmuseum. Eine Liste aller Museen findet man unter www.museumsdienst-hamburg.de.

Rad-Auktionen

Das Fundbüro Hamburg veranstaltet regelmäßig Fahrrad-Auktionen – manch einer hat hier sein zuvor geklautes Fahrrad wiederentdeckt. Zentrales Fundbüro Hamburg, Bahrenfelder Str. 254, 22765 Hamburg, Tel. 040/428 11 35 01.

Radkarte

Der *bikeline ADFC-Radatlas Hamburg* kennzeichnet für Radfahrer attraktive Straßen mit wenig Autoverkehr in und um Hamburg (**www.hamburg.adfc.de**).

Radtouren

Geführte Radtouren in kleinen Gruppen bieten z. B. »Pedalotours« und das Bike-Café »Zweiradperle« an. Individuelle Fahrradtouren kann man unter **www.fahrrad.hamburg.de** planen. Die App »komoot Bike Hamburg« schlägt Radtouren vor: Die Navigation mit Audiofunktion erfolgt über GPS.

Radwege

Mehr als 400 Kilometer Radwege auf Freizeitrouten stehen Hamburgs Radlern heute zur Verfügung. Jedoch ist noch viel zu tun: Einige Straßen haben keinen Radweg oder sind durch Kopfsteinpflaster schwer befahrbar. Zusätzlich wird am Ausbau von Velorouten gearbeitet: Sie verbinden ganze Stadtteile sicher und attraktiv miteinander.

Sicherheit

Fährt man auf der Straße, sollte man genügend Abstand zu parkenden Autos am Straßenrand halten.  Generell ist eine defensive Fahrweise zu empfehlen. In Kombination mit einem verkehrssicheren Fahrrad, einem Fahrradhelm und reflektierender Kleidung schützt dies vor so manchem Unfall.

Tourenplaner

Der Tourenplaner »BBBike« ermittelt nach Eingabe von Start und Ziel sowie bevorzugtem Straßentyp, -belag und Geschwindigkeit Ihre Wunschroute samt Zwischenetappen auf Hamburgs Straßen (**www.bbbike.org/Hamburg**).

Touristeninformation

Am Flughafen, am Hauptbahnhof und an bekannten Sehenswürdigkeiten gibt es die »Hamburger Tourist-Info«. Die Mitarbeiter buchen auf Wunsch Hotels und Tickets. Auch die »Hamburg Welcome Card« und Stadtpläne sind hier erhältlich.

Virtuelle Besichtigungen

Viele Hamburger Sehenswürdigkeiten sind verzeichnet auf **www.hamburg.de/tourismus-hamburg/13736786/hamburger-sehenswuerdigkeiten-virtuell**.

Register

Impressum

Verantwortlich: Dr. Johannes Abdullahi
Redaktion: mcp concept GmbH, Kolbermoor
Layout und Umschlaggestaltung: Ulrike Huber, uhu-design, Kolbermoor
Illustration: Katrin Fiederling, Berlin
Repro: Repro Ludwig, Zell am See
Kartografie: Heike Boschmann, München
Herstellung: Alexander Knoll
Printed in Slovenia by Florjancic

★★★★★

Sind Sie mit diesem Titel zufrieden? Dann würden wir uns über Ihre Weiterempfehlung freuen. Erzählen Sie es im Freundeskreis, berichten Sie Ihrem Buchhändler oder bewerten Sie bei Onlinekauf. Und wenn Sie Kritik, Korrekturen, Aktualisierungen haben, freuen wir uns über Ihre Nachricht an: Bruckmann Verlag, Postfach 40 02 09, D-80702 München oder per E-Mail an: lektorat@verlagshaus.de.

Unser komplettes Programm finden Sie unter 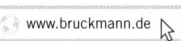 www.bruckmann.de

Alle Angaben dieses Werkes wurden von der Autorin sorgfältig recherchiert und auf den neuesten Stand gebracht sowie vom Verlag geprüft. Für die Richtigkeit der Angaben kann jedoch keine Haftung übernommen werden, weshalb die Nutzung auf eigene Gefahr erfolgt. Insbesondere bei GPS-Daten können Abweichungen nicht ausgeschlossen werden. Sollte dieses Werk Links auf Webseiten Dritter enthalten, so machen wir uns die Inhalte nicht zu eigen und übernehmen für die Inhalte keine Haftung.

In diesem Buch wird aus Gründen der besseren Lesbarkeit das generische Maskulinum verwendet. Weibliche und anderweitige Geschlechteridentitäten werden dabei ausdrücklich mitgemeint, soweit es für die Aussage erforderlich ist.

Bildnachweis: Alle Fotos von der Autorin außer: S. 6 Mediaserver Hamburg/Roberto Kai Hegeler; S. 20 Mediaserver Hamburg/Kurt-Michael Westermann; S. 25 Mediaserver Hamburg/Thies Raetzke; S. 35 o. Mediaserver Hamburg/ Roberto Kai Hegeler; S. 35 u. Mediaserver Hamburg/Thies Raetzke; S. 42 Mediaserver Hamburg/ Christian Spahrbier; S. 44 Mediaserver Hamburg/Martin Brinckmann; S. 69 Bäderland Hamburg; S. 80 o. Hamburger Friedhöfe -AöR- 2015; S. 82 Hamburger Friedhöfe -AöR- 2015; S. 86 channel hamburg; S. 91 Mediaserver Hamburg/Christian Spahrbier; S. 115 u. Lina P.A. Nguyen; S. 126 Mediaserver Hamburg/Museum für Kunst & Gewerbe; S. 138 picture alliance/dpa (Karl-Heinz Spremberg); S. 140 picture alliance/dpa (Hauke-Christian Dittrich).

Die Deutsche Nationalbibliothek verzeichnet diese Publikation in der Deutschen Nationalbibliografie; detaillierte bibliografische Daten sind im Internet über http://dnb.d-nb.de abrufbar.

ISBN 978-3-7654-8975-4
2. aktualisierte Auflage
© 2022, 2016 Bruckmann Verlag GmbH
Infanteriestraße 11a
80797 München